体育文化的时代发展与传承保护研究

周 密 著

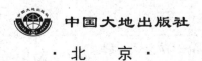

中国大地出版社

·北 京·

图书在版编目（CIP）数据

体育文化的时代发展与传承保护研究 / 周密著. --
北京 : 中国大地出版社， 2023.12
ISBN 978-7-5200-1222-5

Ⅰ. ①体… Ⅱ. ①周… Ⅲ. ①体育文化－研究－中国
Ⅳ. ①G80-054

中国国家版本馆 CIP 数据核字(2024)第 005369 号

TIYU WENHUA DE SHIDAI FAZHAN YU CHUANCHENG BAOHU YANJIU

责任编辑：王雪静　谭　笑
责任校对：陈　曦
出版发行：中国大地出版社
社址邮编：北京市海淀区学院路31号，100083
电　　话：(010)66554528（邮购部）；(010)66554542（编辑室）
网　　址：https://www.chinalandpress.clmpg.com
印　　刷：北京地大彩印有限公司
开　　本：787mm×1092mm　$^1/_{16}$
印　　张：9
字　　数：175千字
版　　次：2023年12月北京第1版
印　　次：2023年12月北京第1次印刷
定　　价：58.00元
书　　号：ISBN 978-7-5200-1222-5

前　言

随着社会的发展和进步，体育已经成为人们日常生活中不可或缺的组成部分。现代体育文化以竞技体育、全民体育等形式展现出来，具有独特的魅力和影响力。在高质量发展视野下，现代体育文化的研究成为一个备受关注的话题。本书旨在深入研究现代体育文化概念、发展现状、案例分析和对策建议，以期更好地推动现代体育文化的繁荣发展。

近年来，我国现代体育文化发展迅速，但仍存在一些问题和挑战。第一，体育教育体系不完善，缺乏系统性和科学性；第二，体育文化建设不足，需要更多创新和探索。本书立足于我国体育文化发展的现状，从不同的角度对体育文化的发展进行分析和研究，希望能够为我国体育文化的发展提供一些有益的思路。

本书共分六章对研究主题进行分析和研究：第一章为体育文化概述；第二章介绍体育文化的演进与发展概况；第三章是对传统视域下的体育文化的分析；第四章为现代视野下体育文化的社会化发展；第五章探讨新时代体育非物质文化遗产的保护与传承；第六章是对信息化背景下民族传统体育文化的发展探索。

本书在写作过程中，参考了很多专家、学者的理论报告和文献资料，在此作者对这些专家和学者表示衷心的感谢。由于时间和水平有限，本书难免存在疏漏和不足，希望各位读者能够批评指正。

作　者

2023 年 4 月

目　录

第一章　体育文化概述

随着现代社会的不断发展，体育文化的内容越来越丰富。在竞技体育的带动和全民健身运动的推动下，体育文化逐渐渗透到社会的各个角落，深深影响着人们的日常生活。本章重点讲解体育文化的概念、价值、特征、性质、功能、类型及基本模式等内容，以帮助人们更加深刻地认识与了解体育文化。

第一节　体育文化及其价值

文化可以说是人类社会的一个重要符号，是构成人们生活不可缺少的重要元素，整个人类社会与文化之间有着非常密切的联系，同时又相互独立。文化系统主要由社会制度、社会结构、社会关系等因素组成，它对社会的发展起着推动作用。作为社会文化的重要内容，体育文化在人们日常生活中的地位越来越重要，体育逐渐成为人们的一种生活方式，对人们的生活、学习和工作都产生非常重要的影响。

一、文化

关于"文化"概念的探讨，古今中外不同学者有不同描述。

英国学者爱德华·泰勒最早对"文化"进行界定，指出"文化"是"社会成员的人所习得的包括知识、信仰、艺术、道德、法律、习俗以及任何其他能力和习惯的复合体"。美国学者克莱德·克拉克认为，文化属性表现如下：

（1）民族的生活方式的总和。

（2）人类思维、情感和信仰的方式。

（3）人类行为的抽象概括。

（4）关于人类群体行为方式的理论。

（5）各种有益学识的综合。

（6）人与环境、人与人的相处技术。

（7）机体标准化的认知取向。

（8）一种习得行为。

（9）一种行为规范约束机制。

（10）历史积淀物。

在我国，"文化"一词最早见于《周礼》中："观乎人文以化成天下。"《易经》中对"文化"的解释为"刚柔交错，天文也。文明以止，人文也。观乎天文，以察时变。观乎人文，以化成天下。"这是我国古代文治和教化的总称。现代意义上的"文化"，以《辞海》的解释为准，指"人类社会历史实践过程中所创造的物质财富和精神财富的总和"。

二、体育文化

体育文化这一概念历经了较长时期的发展，经过专家及学者的广泛探讨与研究，才达成了一定的共识。简单来说，体育文化就是一种利用身体锻炼来促进生物学与社会学发展的文化现象，这一文化现象时时刻刻充斥在人类社会之中，发挥着巨大的作用。

与一般的文化现象一样，体育文化有着丰富的内涵，包括体育物质文化、体育制度文化、体育精神文化和体育行为文化等方面的内容。其中，体育物质文化是重要的基础和载体，如篮球场、各种运动服装与设备等都属于这一范畴。体育制度文化主要是指为促进体育文化发展而制定的各种文件和章程，在这一制度保障下，体育文化才能获得持续健康的发展。体育精神文化则属于人们体育价值观念以及体育心理倾向各方面的综合表现，是体育文化的重要内核。体育行为文化是指人们为实现某种体育目标而进行的各种活动。这几个方面都是体育文化的重要组成部分。

实际上，在我们日常生活当中各种常见的体育产品，也蕴含着特定的体育文化，如某学生在运动会上取得了优异的比赛成绩，并受到一定的表彰，体育精神文化主要表现在颁奖方面，是对学生体育精神的一种肯定；体育行为文化则体现为对学生行为的认可；体育物质文化则更为明显，表现为学生获得奖励、奖牌。需要注意的是，不论是哪一种要素，都非常重要，体育文化系统不能脱离任何一项要素而存在，这几个要素之间的联系非常密切，共同推动着体育文化的发展。

通过上面对体育文化的了解，可以发现体育文化的内涵非常丰富，体育物质文化、体育制度文化、体育精神文化和体育行为文化是其重要的内容组成，四者之间不能独立存在，是相互联系在一起的，只有彼此间相互联系才能获得健康发展。

具体而言，体育文化的意义主要体现在：体育运动属于一种文化现象，应当作为一项社会文化进行研究；体育运动与文化之间的关系非常密切，二者相互影响，共同发展；确定体育在人类文化中的地位；研究体育文化塑造与发展的过程。

体育运动有着非常悠久的历史，发展至今，已成为一种重要的文化现象，在人们的日常生活中扮演着十分重要的角色。总体来看，体育文化的内涵与属性主要体现在以下几个方面：

（1）体育是以身体为载体的一种活动，通过这一形式，人的自然价值和社会价值都得以实现并获得逐步发展。

（2）体育运动是由人类所创造的非遗传性活动，这一活动不仅仅是简单的肢体活动，更是对人类思维方式的表达和传递。

（3）在历史发展的长河中，体育文化历来都发挥着不可磨灭的作用，其发展呈现出一定的时代性、民族性、传承性等特点，不断推动着人类社会文化的发展。

（4）体育文化的内涵非常丰富，其中蕴藏着深厚的价值观念、意识形态等内容，具有其他文化无可比拟的优势。

三、体育文化的价值

我国现代体育教育和世界教育发展潮流是一致的。一百多年来，我国不但极大地丰富了体育文化，提高了体育在社会中的地位和价值，而且使体育在促进人的"全面发展""协调发展""完善发展"中起到了重要作用。

（一）奥林匹克运动文化的价值

"更快、更高、更强、更团结"是奥林匹克的格言（2021年7月20日，国际奥林匹克委员会正式通过，将"更团结"加入奥林匹克格言中），"互相理解、友谊长久、团结一致和公平竞争"是奥林匹克的精神，"为建立一个和平美好的世界作出贡献"是奥林匹克的目的。奥林匹克激励着青年人奋发向上、超越自我，向着更高的目标迈进。运动员勇于克服各种艰难险阻，付出辛勤的汗水去争取胜利的意志和品质对所有人都是一种启迪。现代奥林匹克运动会的会徽，即五环设计，要比 20 世纪 20~30 年代推进了一大步。体育文化的任务由感性深入理性，从形体美深入心灵美，是一个循序渐进的发展过程。体育文化的理性任务要求锻炼者在身体健美、均衡和体态端正的基础上达到意志品质高尚、身心尽善尽美的境地，并与艺术相结合。这种深入的心灵美，是体育文化的一种更高层次的理性价值。现代奥运会经过一百多年的发展，已经成为世界上最广泛的社会体育文化现象。现代奥运会精神文化是对古代奥运会文明的继承和发展。古希腊的竞技运动受到了社会各界的广泛支持和尊重。竞技场上的优胜者不仅获得橄榄桂冠、棕榈花环和奖牌等奖励，更重要的是他们像英雄一样受到故乡人民的崇拜。

（二）竞技体育文化的价值

体育与人类的生存、发展紧密相连，人类创造了体育，也创造了体育文化。体育文化是一种竞技运动文化。正是人类对这一种竞技运动文化进行了改造，体育文化才不断地获得创新与发展，这些创新与发展，是在众人不断的实践中完成的。竞技体育文化摆脱了人类求生存的宗教体育文化和强身健体适应环境的科学化和功利性体育文化的特征之后，向着竞技与艺术相结合、形体美与心灵美相结合的形态发展。

（三）校园体育文化的价值

校园体育文化作为学校教育的重要组成部分，在德、智、体、美、劳全面发展的教育方针中，在培养身心健康和具有创新精神和实践能力的社会主义现代化合格人才中具有十分重要的作用。

（四）大众体育文化的价值

在人类文明的进程中，人类出于共同需要，对自身生存、发展、享受的追求和关注一刻也没有停止过，大众体育文化在教育全球化的浪潮中影响广泛而深刻。这是因为大众体育文化给人类带来快感和美感，并给社会带来健康和活力。无论中国的大众体育，还是西方的大众体育，都是以全面发展和和谐发展为根基的。

（五）中国传统体育文化的价值

我国传统文化有着历史悠久、博大精深的光辉篇章，也是中华民族自强不息的象征。古代，我国传统体育是围绕"养生"开展的，人与自然的结合在于通过与自然的交换排除身体内部的浊气、吸取真气以达到五脏通达、六腑调和，并认为决定健康和长寿的根本在于人体的内部而不在于外部；我国传统体育文化在体育形态上强调整体观和意念感受，动作简单而内涵深刻，很少有强烈的肌肉运动，因此缺少激进和冒险行为。随着东西方文化的交流，我国传统体育文化这种整体修炼和内在和谐之美，正在和现代科学相结合，形成新的独特风格而走向市场。

第二节　体育文化的特征、性质及功能

一、体育文化的特征

发展至今，体育文化的内容越来越丰富，其特点也越来越多样。体育文化的多样性特征主要体现在以下方面。

（一）主客体同一性

在体育文化中，主客体同一性是指在体育活动中，人既是主体也是客体，即人在进行体育活动时，既作为行为的发起者和实施者，又作为行为的影响者和被塑造者。在体育活动中，人作为主体，具有主动性和创造性。他们通过自身的身体活动来参与和推动体育的发展，创造出丰富多彩的体育文化。同时，人也是体育文化的消费者和享受者，他们从体育活动中获得身心愉悦和健康提升。这种双重身份使得人在体育文化中既是生产者又是消费者，充分体现了主客体同一性的特征。

在体育文化中，主体和客体是相互依存、相互作用的。主体通过体育活动作用于客体（即自己的身体或他人的身体），而客体也会对主体的行为产生影响。例如，在竞技体育中，运动员通过训练和比赛来提高自己的竞技水平，而他们的身体状态和表现也会受到训练方法和比赛环境的影响。这种主客体之间的相互作用使得体育文化呈现出动态和发展的特征。

（二）超越性和竞争性

体育运动存在的历史非常久远，在长期的发展中，始终存在着竞争与超越，这两者可以说是体育运动的一个非常重要的特征。

在各种各样的体育比赛中，运动员通过技艺的展示与对抗来获取比赛的胜利。这使得体育运动充满了竞争性。综观当今体育竞赛的形式，可以将体育比赛分为直接对抗、非直接对抗和不同场比赛三种类型。但是，不论哪一种类型，都体现出体育运动重要的对抗与竞争性特点。目前，体育运动形式越来越丰富，通过各种高科技手段的利用，竞赛竞争也越来越激烈，随着时代的不断发展，这一现象将继续延续下去。由此可见，体育文化表现出强烈的超越性与竞争性特征。

（三）亲和性

体育文化属于一种重要的社会文化现象，发展至今成为人们日常生活的重要内容，在人们的生活中扮演着越来越重要的角色，这与体育文化的亲和性特征是分不开的。随着时间的不断发展，体育也成为一种全球性的社会文化现象。总之，体育文化之所以能得到人们的认可并获得持续发展，其中一个很重要的原因就在于它具有亲和性特征。

体育文化的亲和性具有非常重要的作用，它能激发人的灵感，实现社会化的激励、教育等作用。人类社会在发展的过程中难免会发生一定的冲突和战争，这是不可避免的。而体育作为一种重要的社会文化现象，在人类战争中曾扮演过"和平使者"的角色，历史上在奥运会举办期间，曾经有过各国家停战的协定。这在一定程度上表明体育具有消解人类社会负面和消极因素的重要意义，除此之外，人们在参加各种体育活动或运动员在比赛中也能建立彼此之间的友谊，这些都是体育文化亲和性特征的具体体现。

（四）身体表征性和传承性

体育文化一个非常重要的特征就是身体的表征性与传承性。这一特征在我国民族传统体育文化中就得到了深刻的体现。由于运动方式的不同，人们在运动的过程中会呈现出不同的身体形态。比如，游牧民族以骑马为代步工具，在长期的骑马生活中逐渐形成了一种肩部比较松弛的形态。

除了身体传承，语言传承也是一种非常重要的方式，而表现在体育运动中，运动员的各种身体姿态、技巧等就像语言一样起着传承的作用，这是体育文化的一种很重要的交际功能。观众通过观看体育比赛，能从中领悟到许多深刻的东西，这与体育文化的身体表征与传承功能有着极为密切的关系。因此，体育文化具有明显的身体表征性和传承性的特点。

（五）从属性

体育文化在发展的过程中会受到各种因素的制约和影响，因此表现出突出的从属性特征。影响体育文化发展的因素主要有政治、经济、军事、宗教等，正是这些因素与体育文化之间的相互关系才导致了体育文化具有社会操作的从属性特征。

在某些情况下，体育文化的这一从属性特征发挥了非常关键的作用。如众所周知的中美"乒乓外交"就是体育文化从属性特征的重要表现。因此，我们要高度重视体育文化的从属性这一特征，加强体育文化更深一层次的研究，从而推动体育运动与现代社会的健康发展。

二、体育文化的性质

（一）普遍性

体育文化，作为人类社会文化的一个重要组成部分，具有鲜明的普遍性，它跨越了国界、种族、信仰和社会地位的界限，成为连接世界各地人们的桥梁。体育文化展现出极其丰富多样的形态。不同的人群，受其历史、地理、文化和社会背景的影响，形成了各具特色的体育文化思维和形式。无论是东方的武术、瑜伽，还是西方的橄榄球、棒球，都是体育文化多样性的生动体现。这些独立的体育文化形式和思想，正是体育文化普遍性的具体表现。在城市的街头巷尾，我们可以看到孩子们踢足球、打篮球的身影；在乡村的田野间，农民们也会通过舞龙、舞狮等传统体育活动来丰富生活。这些体育活动，已经成为人们日常生活的重要组成部分，反映出体育文化在人们生活中的普遍性和重要性。

随着全球化的推进和人们生活水平的提高，体育已经逐渐成为一种重要的生活方式。越来越多的人开始重视体育锻炼，将其视为保持健康、释放压力、增进交流的有效途径。无论是晨跑、游泳、健身，还是观看体育比赛、参与体育社团，体育都已经成为现代人生活中不可或缺的一部分。这种普遍性的存在，正是体育文化独特魅力和深远影响力的体现。

（二）科学性

人体是一个具有客观性和规律性的物质存在物，自身的发展需要遵循一定的客观规律，否则就容易误入歧途，出现各种各样的问题。体育文化的发展同样如此。一个运动项目从诞生到进入高度化发展阶段，如果不遵循人体运动规律，不以相关的理论为基础进行发展，是难以实现持续发展目标的。各类竞技体育运动的发展就是一个鲜活的例子。田径、各种球类运动之所以发展到现今这一水平，与体育运动理论的发展、与各种高科技手段的引进和利用是分不开的，这充分表明科学性是体育文化的一个重要特性。除此之外，近年来我国引进了大量先进的科学训练方法和手段，促使我国竞技体育更上一层楼。这是体育文化科学性这一特征所带来的益处。

（三）民族性

体育文化的民族性是指一个民族在历史上由于生存环境、生存区域、生产和生活方式、文化积累和传播等的不同而导致产生不同于其他民族的体育文化。具体来看，体育文化的民族性是建立在一定的社会历史基础之上的。这是因为同样的地域空间也会有相同的体育文化存在，不同的地理环境只是间接地影响不同民族的体育文化，这种影响作用越到发达社会越不明显。比如，以欧美体育为代表的西方体育文化，因人种复杂、变迁多，性格外向，思想活跃，追求个性解放，故擅长像拳击、橄榄球等身体接触激烈的体育项目。以中华体育为代表的东方体育文化，因地理环境和多民族的特点，加上深受传统文化影响，一般比较擅长体操、跳水、乒乓球等对抗性偏弱的运动项目。这与历史风俗和习惯是分不开的。

民族的语言、心理、性格以及在此基础上形成的体育文化模式是体育文化民族性的核心内容。不同的语言、心理、性格导致生活方式和体育文化的差异，这些差异又内化于民族的心理和性格等因素中，固化了体育文化的民族性。

任何民族传统体育文化都不是一蹴而就的，都需要经过长期的发展和演变。一个民族体育项目都是在固定的地域内逐步发展起来的。从这个意义上来讲，任何体育文化都具有民族性的特点。但是，一个民族的体育文化发展到一定阶段，必然要突破牢笼向外部扩散，这就增加了同其他民族体育文化接触的可能性，二者之间的交流也越来越频繁。不论如何变化，民族性始终都是体育文化的一个重要特性。

（四）继承性

体育文化的继承性是指体育文化经过不同时代仍然保留着原有某些特质的属性。与其他文化形态一样，体育文化也具有通过语言、图像、文字等媒体在人们的意识领域和社会价值体系中传承的特性。体育文化以身体动作为基本形式，因此身体是其主要传承形式，而依附于体育文化之上的独有的语言和文字也具有强大的传承功能。正因如此，体育文化才具有继承性。

（五）地域性

地域性是体育文化的一个重要特性。这突出表现为不同地域的体育文化呈现出不同的特色，有自身一套独特的文化发展体系。世界各个国家或民族的体育文化都存在着较大的不同，呈现出各自鲜明的特征。无论是原始社会，还是封建社会，以及现今的资本主义和社会主义社会，各个国家和地区的体育文化都呈现出鲜明的地域性特质。由此可见，体育文化受地域因素的影响是非常大的。

（六）世界性

世界性是体育文化的一个重要特质。也就是说，各个国家或地区的体育文化无论如何发展，整体上而言都是属于世界的，与世界发生着一定的关联，并不是孤立存在的。发展至今，全球一体化发展的趋势越来越明显，在体育领域也是如此。通过体育文化的发展，世界各个国家能走到一起，相互沟通与交流，实现体育全球化发展的目标。如今，体育的竞技化、市场化、产业化发展成为各个国家的共同追求，充分彰显出体育文化世界性的特质。

（七）时代性

任何事物都是处于不断的变化和发展中，在不同的时代呈现出不同的特点和风格，体育文化自然具有时代性这一特质。体育文化的时代性是指体育文化随时代的变迁而不断发展变化的特征，造成体育文化时代特性的主要原因是生产力发展具有阶段性的特点。

体育文化的内涵及层面非常丰富，体育文化在物质层面、制度层面和精神行为层面都获得了快速的发展，这三个层面相互联系，共同促进着彼此间的发展，在不同的历史时期，这三个层面都呈现出不同的发展形态。因此，没有一个特定的标准来衡量体育文化。我们在评价体育文化时，必须站在历史的角度审视问题，既要看到其进步性，又要看到其时代的局限性。如汉朝与唐朝的人体健美观不同，前者"以瘦为美"，后者"以胖为美"，这导致了两个时代体育文化的差异。因此说，时代性是体育文化的一个重要的特质。

（八）永恒性

永恒性是体育文化的一个重要特质。在人类社会发展的早期，体育运动就有了萌芽并开始获得多方面的进步，历经各个时期的发展，体育文化才呈现出如今的形态。体育文化持续不断发展的一个原因就在于它具有永恒性的发展特性。上面讲到体育文化具有时代性特质，它与永恒性是体育文化的两个重要特性，可以说，在不同的时代体育文化都获得了一定时期内的永恒发展。总之，体育文化之所以获得了永恒性的发展，这与人类体育文化发展有着共同的热爱和普遍的追求关系密切。这就是体育文化永恒性的具体表现。

三、体育文化的功能

随着现代社会的日益更新与发展，体育文化的内涵更加丰富，在整个社会中的地位也越来越高，作用也越来越明显，促进人的全面发展成为新时期体育文化的一个重要功能。可以说，体育文化以其独特的功能和内涵，在整个人类社会中扮演着越来越重要的角色。如今，体育文化深深影响着人们的日常生活，体育已渗透进社会的每个角落，促进着人的全面、和谐发展，这也是体育文化的主要目的。具体而言，体育文化的功能主要表现在以下几个方面。

（一）教育功能

在体育文化发展的过程中，它对整个人类社会文化都产生了极为重要的影响。体育是以人体运动为载体的一个社会文化现象，人们在参加各种体育活动的过程中能获得身心全面的发展，这是其他文化现象所不具备的。由此可见，体育文化具有与众不同的教育功能，它属于现代教育的重要内容。通过体育教育，不仅能增强人的体质，使人们掌握运动技能，还能很好地培养人们参加体育运动的兴趣和习惯以及人们良好的竞争意识，从而提高人们的综合素质。

体育文化的形式和内容越来越丰富，其教育功能与价值也越来越显著。如在人的成长过程中，从最初的坐、爬、站立，到后来的走、跑、跳等；从身体素质的提高到各种运动技能的掌握，体育教育都在其中起着非常重要的作用。可以说，人在成长的过程中，无不与体育教育息息相关，因此说教育功能是体育文化的一个重要功能。

（二）调节功能

体育文化已逐渐成为社会的主流文化之一，在人们的日常生活中扮演着越来越重要的角色，人们已经离不开体育文化。之所以如此，其中一个重要的原因就在于体育文化具有重要的调节功能，能对人们的各种社会行为和习惯产生重要的调节作用。生活在社会上，人们都持有不同的观念和意见，而通过体育文化，具有不同价值观念的人可以凝聚在一起共同参加某一项体育运动，在运动中增进彼此的交流，从而实现合作与发展。除此之外，通过体育文化的调节功能，人们的各种不良社会行为也能得到一定程度的抑制，这对于社会的和谐稳定发展具有重要的意义和作用。

（三）凝聚功能

凝聚功能是体育文化的一个重要功能，它也是体育文化功能的重要部分。体育文化建设的目标就是建立一个团结的氛围，谋求更大的发展。体育文化可以将不同区域、不同信仰、不同价值观念的人凝聚在一起，通过交流与合作，获得更好的发展。如今各种类型的运动会越来越多，这为全世界人民的相互沟通与交流提供了良好的途径。如足球世界杯、奥运会等大型世界性的体育赛事，将不同国家、不同地区、不同信仰的人集合在一起，朝着共同的目标努力和前进，形成了一种世界人民大团结的景象，对维护世界和平发挥了重大的作用。

另外，体育文化还具有多层次性的特点，相同的体育文化内容会吸引志同道合的人前来参与，共同推动着社会文化的进步与发展。

（四）创新功能

体育文化的内容体系越来越丰富，其发展不是闭塞的，需要加强不同文化的沟通与交流才能获得健康、可持续发展，要想实现这一目标，借鉴和参考其他先进的文化是尤为必要的。纵观体育文化的发展历程，正是在不断与其他文化融合的过程中才获得进一步发展的。

由此可见，创新也是体育文化一个非常重要的功能。要想推动体育文化的进一步发展，除了加强体育运动本身的发展，还要积极主动地吸收与借鉴其他国家或地区的先进文化，加强融合与创新，这样才能促进我国体育文化的健康持续发展。

总体而言，体育文化的创新主要体现在两个方面：一方面，通过体育文化的创新培养出大批高素质的具有创新活力的人才；另一方面，体育文化逐渐成为促进文化变革与发展的一个重要渠道。加强体育文化的创新不论是对于体育事业还是整个社会文化的发展都具有重要的意义。

（五）文化传播功能

体育文化有着显著的文化特征，这一特征主要体现在其鲜明的象征性、浓郁的艺术性及丰富的内涵上。体育文化得以发展的一个重要手段就在于扩展和传承，由此可见，文化传播也是体育文化的一个重要功能。

体育文化的扩展是指文化在空间伸展的蔓延性。其特性主要表现为：体育文化可以在社会各群体和个体之间相互传播，也可以在国家与国家之间、民族和民族之间传播，其传播的范围非常广泛。

传承性是体育文化的一个重要功能，我们所探讨的传承性主要是指时间上的传承。体育文化之所以发展到现在而生生不息，其中一个非常重要的原因就在于其传承的功能。通过体育文化的传播功能，各种形态的体育文化才得以保留，在各个历史时期都获得了一定的发展。总之，体育文化的扩展和传承是体育文化传播功能的两种具体形式，在体育文化发展的过程中，这两种形式广泛存在。

第三节　体育文化的主要类型

一、体育物质文化

（一）体育物质文化的分类

体育物质文化是指人们以体育为目的或在体育中的活动方式及其物质形态。一般来说，我们可以将体育物质文化分为体育活动方式、体育器材和场地、设施，各种体育文化典籍，以及体育思想物化品四个部分。这四个部分是体育物质文化的主要内容。

1. 体育活动方式

在人类社会发展的过程中，离不开各种运动方式的存在，各种农业和工业的劳动动作，都是人们满足基本生活的活动方式。随着人类社会的不断发展，体育活动方式也越来越多，不断满足着人们的身体和精神需求。另外，观看各类体育赛事也是一种重要的体育活动方式，能满足人们的精神文化需求。

2. 体育器材和场地、设施

体育器材、体育场地及相关的设施等是最为明显的体育物质文化的内容，这些内容是人们参加体育运动的重要载体和基础，没有了体育器材和场地设施，各种体育活动也就无法存在。

例如，我国丰富多彩的民族传统体育运动项目，每个项目都会涉及和使用到至少两三个体育运动器材与设施，这些运动器材集合了无数人的智慧，是从古至今的人类智慧结晶，是体育文化的活化石。

龙舟竞渡中的龙舟，由船体、龙头、龙尾、装饰和锣鼓组成，龙头大多用整木雕刻，竞渡前装上，广州龙头大多是红色，称为红龙；湖南龙头上唇部向上翘起；贵州龙头用水柳木雕刻而成，龙尾大多用整木雕刻而成，刻满了鳞片。龙舟的装饰包括旗帜、船体上的绘画等，龙舟上的装饰各地也不同。

随着现代社会的不断发展，以及人们对于高层次精神的追求，为满足这一需求，人们必须要具备充足的创造力，因此这也推动着体育器材和场地设施的发展。

3. 各种体育文化典籍

在人类社会的发展过程中，人类不同的文化以各种内容与形式被记录下来，如文字、图画、雕刻等。其中，人类的文字产生是人类社会文明进步的重要表现，通过文字，人们能了解之前的人类社会文化活动与文化现象，文字使人能更加直观地了解历史中所发生的各种事件，了解自我发展的文化史。

传统体育文化典籍还为经验传承与学习传统体育知识和技能提供了直观参考，使传统体育能延续、保留至今。

自古迄今，关于传统体育的文献非常多。到了近现代，相关史料更是多如牛毛，有专著、论文、图谱，还有史料和地方志，这是传统体育研究的珍贵文献。总之，这些体育文化典籍也属于体育物质文化的重要内容。

4. 体育思想物化品

在体育物质文化中，除了体育场地、体育设施这些实物之外，还有一部分是创造并形成物质的各种思想物化品，这一部分也是体育物质文化中最高层次的部分。如体育制度、体育竞赛规则、体育歌曲、比赛视频等都属于这一方面的内容。

体育物质文化的内容非常丰富，它不仅包括体育场地、体育设施、各种体育器材与设施等实物，还包括具有深刻思想内涵的物质成果。一个国家的体育物质文化能在一定程度上反映出体育物质运动的水平，同时也反映了社会生产力水平，因此加强体育物质文化的建设是十分重要的。无论在何时，都不能忽略了体育物质文化建设与发展。

（二）体育物质文化的特性

体育物质文化具有形态的物质性、功能的基础性和表现的易显性等特点，下面做出具体的分析。

1. 形态的物质性

形态的物质性是体育物质文化的一个最为重要的特性，也是区分其他体育文化形态的一个重要标志。如我们经常看到的体育场馆、体育器材设施等属于这一层次的内容,这些内容就属于物质的而非精神的。具体而言,一个篮球馆,属于体育物质文化,但是其中也蕴含着某些体育精神,但篮球馆始终是物质的而不是精神的。

2. 功能的基础性

体育物质文化是体育活动的基石,为运动提供必要的场地、设施和器材,确保体育的顺利进行。其设计和造型不仅激发人们对运动的兴趣,更在潜移默化中传递着公平竞争、团队协作等体育精神,塑造人们的体育价值观。同时,它也是促进身心健康的重要载体,为人们提供锻炼条件,帮助释放压力、保持心理健康。此外,体育物质文化还是社会交流的平台,增强社会凝聚力和文化认同。总之,体育物质文化以其多元功能,深刻影响着体育事业的发展和人们的日常生活。

3. 表现的易显性

物质是人们最容易看到的事物,如一块田径场、一个篮球、一个网球拍等,体育文化首先就在这些方面得到了重要的体现,这主要是因为体育物质文化与社会生产力要素之间的关系最为密切,同时体育物质文化也处于体育文化的最表层,是其他文化层次的重要基础,也是体育文化表现易显性的深刻体现。

二、体育制度文化

(一)体育制度文化的分类

体育制度文化是体育文化的一个重要形态。在人类社会发展的早期,体育制度还比较欠缺,整个体育文化还处于一个比较散漫发展的状态。随着时代的不断发展,体育制度文化内容也越来越丰富。具体而言,体育制度文化主要包括以下内容。

1. 各种体育组织机构

体育运动是一个大而复杂的系统,系统内涵盖的要素众多,正是在这些要素的相互配合与协作下,体育运动才得以健康持续地发展。在体育系统中,体育组织机构起着至关重要的作用,在一定程度上推动着体育文化的可持续发展。在当今社会背景下，人们要想参加各种社会活动必须要有一定的组织机构，否则就无法进行，在体育活动中也是如此。体育活动属于人类改造自身、促进社会发展的活动，其发展离不开运动竞赛组织、各种官方或民间的体育组织等机构，这些组织机构都属于体育制度文化的重要组成部分。

体育组织机构的建立先要做好充分的调查，要结合当时的社会背景，深入了解某项活动成立组织机构的重要性、必要性及其需求，这样才能设置具有针对性的体育组织机构，才能保证体育活动的顺利开展，从而促进整个体育文化的发展。

2．人的角色、地位以及各种体育活动的组织形式

在社会上，人们扮演着各种各样的角色，这些角色不仅是由人的能力差异决定的，也是基于各种社会活动组织形式的需要。对于体育运动而言也是如此，如比赛裁判、教练员、运动员等角色和各种比赛赛制等都属于体育制度文化的重要内容。一名运动员在比赛场上是运动员，在家庭中则扮演子女、父母等角色，这些角色不能独立存在，只有在一定的组织形式的制约下才能实现其功能。与一般的角色相比，运动场上的角色具有更大的自由性和灵活性。如足球比赛中，一名运动员因为受伤而下场，可以被替换；一名门将被罚下，可以由其他队员替代，这些角色的转换充分表明体育运动中运动员角色转换的自由性。

需要注意的是，运动员在比赛场上，其角色区分和变化需要有一定的原则，如技艺不高或号召力不强的运动员难以承担队长的角色。某些比赛制度在某种特殊情况下会因为参赛队伍的变更而有所改变，但大多数时候都是稳定的。

3．各种体育原则及体育制度等

大量的实践与事实表明，各种体育组织机构、体育组织制度等都是推动体育文化发展的重要因素。正因如此，体育运动团体才能获得健康顺利的发展。

各种体育制度是在长期的体育实践过程中逐步建立和形成的，如运动训练管理制度、运动竞赛制度等。这些制度能保证体育赛事活动良好运行。因此，要想保证体育赛事活动的顺利进行，建立一个健全和完善的体

育体制是尤为重要的。为促进我国体育文化的发展，我们要从改革这一层次入手，时刻做好体制转换和机制转轨的工作，要做好处理各种困难问题的准备。

在体育文化系统中，体育制度文化与体育物质文化、体育精神文化有着很大的不同，伴随着体育运动的不断发展，体育制度文化内容也越来越丰富，如影响力巨大的奥林匹克运动会、国际足联世界杯等。参与这些赛事活动的人越来越多，受到世界的极大关注，这表明体育制度文化具有极大的丰富性和影响力。

（二）体育制度文化的特性

1. 连续性

体育制度文化涵盖了运动规则、比赛制度以及与之相关的各种传统和习俗。这种文化不仅仅是一纸规则，更是人们对公平竞争、团队协作、坚持不懈等体育精神的追求和尊崇。体育运动不断演进，体育制度文化也在持续地发展变化。新的运动项目、新的竞技方式不断涌现，为体育制度文化注入了新的元素和活力。然而，在这变迁之中，一些重要的内容和精神得到了不断的传承。以田径运动为例，这项运动历史悠久，其中的一些古老规则至今仍在现代田径比赛中沿用。

2. 内化性

在体育运动中，某些体育制度文化可以内化深入个人的意识，促使人们产生积极的自觉行为。如在足球比赛中，一方球员受伤倒地，对方将球踢出场地，在受伤队员返回场地后主动将球送回对方。这就是体育制度文化的内化性表现。

3. 时代性

体育制度文化有很多层次，其中最高层次受政权机构和社会制度的影响最大。在政权机构及社会制度的变更下，这些制度文化也会因此而发生变化。由此可见，体育制度文化体现出重要的阶级性特点。如职业体育俱乐部就是资本的产物，它随着资本的发展而不断发展。

4. 约定俗成性

约定俗成性也是体育制度文化的一个重要特点，这种特点主要是在人民群众中约定俗成的，参加各种体育活动的人群是集体无意识的。如各种民俗体育活动大多就是约定俗成性的。

三、体育精神文化

（一）体育精神文化分类

体育精神文化是人类围绕体育或依托体育而改造主观世界的活动方式及其全部产物。总体来说，体育精神文化主要有以下几个方面。

1. 思想观念

人们参加任何活动都会受到一定的约束和限制，在参加活动的过程中会受到一定思想观念的指引，体育学科就是在这样的思想观念指引下形成的。如体育经济学研究体育经济现象及规律，体育史学揭示人类体育运动的发展历程与规律，体育社会学阐释体育与人类社会的各种关系等。以上这些都属于体育精神文化的重要内容，对人们认识与了解体育具有重要的意义和作用。

2. 物质内涵和行为准则

俗话说"无规矩不成方圆"，人们参加任何体育运动都需要遵循运动的基本规律和比赛规则，否则就会受到一定的"惩罚"。体育精神文化本身属于一种身体活动行为，它与体育文化的形态之间的关系非常密切。如体育服装、体育选材等都属于这一层次的体育精神文化，它们之间有着非常微妙的关系。如一件运动服装，我们在谈论它的质地、颜色时，主要涉及体育物质文化层面，而谈论体育服装的审美时，涉及的则是体育精神文化。当在谈论穿着这件运动服装进行运动训练时，其外在的运动形式涉及的是体育物质文化；而当探讨训练方式与沟通手段时，涉及的则是体育制度文化。由此可见，体育文化的几个层面的关系非常复杂且微妙，需要具体问题具体分析。

3. 各种想法和打算

物质文化和精神文化属于同一等级的关系，在人类社会发展中都起到至关重要的作用，但是他们在改造人的主观世界的过程中有着较大差异。

文学和艺术属于精神文化的重要内容，这些内容源于人类对精神世界的需求，属于意识形态领域的文化，改造着人们的精神与思想观念。在传统的思想观念下，体育文化则不被认为具有精神意识的作用，但随着现代社会的发展，人们对事物的认识更加深刻和透彻，人们逐渐认识到体育文化也同样具有改造人类主观世界的重要作用。因此，体育道德、体育思想等体育精神文化都能通过体育这一形式改造人们的精神世界，对推动体育文化的发展具有十分重要的意义。

（二）体育精神文化的特性

1.沟通性

众所周知，体育文化的传承与发展需要一定的途径，其中笔录书写、语言交流都是常见的方式。随着现代社会的不断发展，多媒体传播途径利用也越来越普遍。体育文化在传播的过程中，在很大程度上是传导体育主体精神和意识，这是体育精神文化发挥功用的重要方式之一，也是体育精神文化沟通性特点的具体体现。

2.内视性

在体育运动领域，人们对不同的体育文化有着独特的见解与看法，人们对体育文化或某种体育现象的评价或者对体育文化的欣赏都构成了体育主体精神的内视领域，这突出体现了体育精神文化的内视性特点。

3.积累性

积累性是体育文化的一个非常重要的特点，这一特点主要有积极和消极两个方面。积极方面主要是指优秀的体育精神文化传承推进体育文化的进步，消极方面则是指落后的体育精神文化阻碍体育文化的发展。在整个体育文化发展的长河中，这一积累性的特点非常明显，人们要充分认识到这一点，按部就班地推动体育文化的发展。

第二章 体育文化的演进与发展概况

现今，体育文化的内容越来越丰富，这与其长期的演进与发展是分不开的。在历史的长河中，体育文化与其他社会文化现象不断交融，成为推动社会发展的重要力量。本章重点探讨体育文化是如何演进并获得可持续发展的。

第一节 古代体育文化的演进与发展

一、军事武艺的发展

（一）拳术

据史料记载，拳术是从角力衍生出来的一种徒手攻防格斗形式，这一格斗形式近于摔跤与拳击，对抗比较激烈，同时又具有一定的观赏性。发展到西汉末年，拳术成为一种表演项目，深受当时人们的欢迎和喜爱。

（二）剑术

佩剑在战国时期非常流行，这一习惯一直延续到汉代，这一时期的舞剑和斗剑风气更加盛行。佩剑既美观又便于防身，因此深受当时人们的推崇，不少文人学士随身佩剑，与剑结下了不解之缘。在《汉书》中曾经有这样的记载，司马氏"在赵者，以传剑论显"。东方朔"十五学击剑"，司马相如"少时好读书击剑"等。

据相关史料记载，魏文帝曹丕是一位击剑能手，他曾经在书中介绍自己学剑的经过和拜师的历史。剑术在当时十分流行的又一个例证是：当时经常举办各种各样的击剑比赛，击剑逐渐成为一种经常举办的竞技体育项目，越来越受人们的欢迎。

（三）射术

在古代，射箭主要分为"射礼"和"战射"两种形式。发展到秦汉时期，射礼逐渐衰弱，战射越来越受到重视。它要求射得远，命中率高，这一活动在民间也逐渐发展起来。在《汉书·艺文志》中记载了大量的有关射术的文字。在这一时期，精于射术的人非常多，在民间也有很多射箭的高手。

发展到汉代，弩射渐渐发展，成为军事战争中的重要手段。弩一般有单射和连发两种。这一改进性措施在抗击匈奴的战争中发挥了巨大的威力。发展到三国时期，诸葛亮"损益连弩，谓之元戎""一弩十矢俱发"，对弩的改进作出了突出的贡献。经过一段时期的发展，弩成为一种重要的战争武器，同时弩射也成为人们重要的健身手段。

二、百戏中的体育活动

百戏可以说是我国古代艺术表演、运动竞技的综合表现形式。百戏包括各种各样的内容，深受人们的欢迎和青睐。一般来说，百戏主要包括以下内容。

（一）角试

在发展的初期，角试只是一项军事活动，它主要被用来选车徒、教战法、习号令。春秋时期以后，随着礼崩乐坏，"讲武之礼"中的竞赛形式开始被诸侯贵族们引入日常娱乐生活之中，后来逐渐演变成为民间的一种娱乐方式。

（二）武戏

武戏属于武艺的重要形式，其中包含徒手对抗、徒手对器械的对抗、器械对器械的对抗等内容和形式。

（三）叠案

叠案是一种手倒立表演，有着多种多样的形式，有的在地上，有的在案上，有的在鼓上，有的在行进戏车的高台上，还有一手持物的单手倒立，要求运动者必须具备高超的技能。

（四）蹴鞠舞

蹴鞠舞是踢鞠与舞蹈的结合。一般来说，主要包括徒手蹴鞠舞、手持鼓蹴鞠舞、边击鼓边蹴鞠舞等几种形式。在古代，这一舞蹈形式的体育活动深受人们的欢迎和喜爱。

三、导引养生术日趋规范

（一）养生观的发展

1. 刘安与《淮南子》的养生观

《淮南子》一书是以道家学说为主，结合儒、法、阴阳五行学说自成体系的一部著作。书中阐述了多种养生观点，其中主要反映了道家与方士的思想。

《淮南子》一书中强调身体和精神对人的发展的重要性，特别指出精神最为重要，对人的状态起主导作用。

（1）《淮南子》的养生原则。《淮南子》的养生原则是"静漠恬淡"。书中介绍："静漠恬淡，所以养性也。"其含义有二：第一是"省嗜欲"。这意味着声、色、味、趣都成了害人之物；第二是"心不忧乐，无所好憎"。这说忧悲和好憎成了病祸的根源。这对后世有着一定的启迪和借鉴意义。

（2）《淮南子》的养生目的。《淮南子》的养生目的与众不同，它主张人们要超脱一切现实，这一主张在一定程度上反映了旧社会时期统治者追求"长生不死"的妄想。

2. 桓谭、王充的养生观

桓谭、王充是东汉时期著名的无神论传统的奠基人，他们先后对形神二元论进行了一定的批判。

桓谭（前23—56年），对当时流行的谶纬之学进行了有力的抨击。谶是指方士制作的隐语和预言，作为吉凶的征兆。纬是对经而言，是方士们整理的经典著作。他说："精神居于形体，犹火之燃烛……烛无，火亦不能独行于虚空。"意思是说火靠烛而燃，神凭形而存，形存神在，形亡神灭。除此之外，桓谭认为养生可以延年，对人的长寿有着一定的作用，但不会长生不死。他的这一观点非常重要，在当今社会都有一定的影响。

王充（27—97年）主要批判了当时比较流行的神学迷信。他认为："人之所生者，精气也，死而精气灭。能为精气者，血脉也；人死血脉竭，竭而精气灭，灭而形体朽，朽而成灰土。"还说："天下无独燃之火，世间安得有无体独知之精。"他对当时的灵魂不灭论进行了彻底的批判，对后世产生了重要的影响，他因此被称为中国古代无神论的奠基人。

（二）导引专著的出现

据相关史料记载，在西汉与东汉时期就出现了导引术的身影。1973 年，在湖南长沙马王堆 3 号汉墓中出土了一批医书，其中《却谷食气》和《导引图》为我们提供了宝贵的资料。

《却谷食气》讲的是导引行气，内容非常详细和具体。一张《导引图》，彩绘有 44 个各种人物的导引图像，其中有男有女，有老有少，有裸背者，也有着衣者，衣冠皆为当时一般庶民的样式。这一导引图非常完整，完美地展现了当时的社会风貌。关于导引术，除了有立式和坐式、徒手和持器械的，还有模仿动物形态的导引术。主要涉及头部运动、扩胸运动、肢体运动等几个方面，由此可见导引术的内容是非常丰富的。

导引术的功能非常多，既可用于健身，也可用于治病。如"引聋"就是通过一定活动可以治耳聋病。"引"是"引体令柔"，"挽"是指屈身俯地。

（三）华佗与五禽戏

华佗（141—208 年），字元化，东汉末年沛国人。他精通医术，擅长外科手术，除此之外，他对养生也有着自己的见解，他认为："晓养性之术，年且百岁，而犹有壮容。"

华佗有着非常高超的医术，他提出了诸多关于医术的理论，阐明了运动对人体健康的重要作用。他主张"动以养生"的思想，对后世产生了重要的影响。

"五禽戏"一直延续至今，有着较大的影响力。而"五禽戏"就是华佗创立的，"五禽戏"主要包括虎、鹿、熊、猿、鸟五种动物活动形态。虎戏是模仿虎的刚威勇猛，以增长气力；鹿戏是模仿鹿的奔驰反顾，以灵活腰腿；熊戏是模仿熊的倒卧翻滚，以畅通血脉；猿戏是模仿猿的攀缘跳跃，以灵敏身躯；鸟戏是模仿鸟的展翅高飞，以愉悦心情。

"五禽戏"的产生，标志着导引已由单个术式向成套动作的方向发展，它对以后的八段锦、易筋经、太极拳等在某些方面产生了一定影响。

第二节　现代体育文化的发展

一、现代体育文化发展的条件

根据体育文化发展的事实，我们可以把体育文化的发展条件归纳为两点：一是人类社会发展的观念，二是人类社会的演进与发展。

（一）人类社会发展的观念

在人类社会发展的过程中，各种社会文化现象也随之不断发展，在这样的情况下，各类文化现象的意义也更加广泛，这是人类社会文化发展的基本特征。在体育文化发展的过程中，人始终在其中扮演着最为重要的角色。因为无论体育文化如何发展，都始终以人为对象，只有在人类社会的推动下，体育文化才能得到传承与发展。正因如此，体育文化才得以产生并得到不断发展。

随着社会的转变与发展，体育运动的形式也越来越多样化。从最初的徒手表现到后来各种体育器械的参与，这种变化对于人类社会文化的发展是非常有意义的。

体育文化在发展的过程中，各种现象都体现出以人类为核心的发展态势，体育运动的发展也是为了满足人类自身的各种需求。在人们各种需求的推动下，体育文化才得以蓬勃发展。人与动物之间有着明显的区别，动物为了生存逐渐练就了娴熟的捕食技能，这一技能不能脱离特定的场景，否则就失去了意义。也就是说，动物的本能并不能脱离现实场景去构建运动理论。而人类却不同，人类能够做出超越自身的行为，能根据自身的需要而建立相对应的运动模式，并且还能在脱离现实场景的情况下去传承与发扬这种文化。

在当今体育运动发展的过程中，存在着一种"反文明"的现象。这一现象突出表现在，一些文明程度较高或较早进入文明社会的国家或地区，他们的体育竞技水平反而较低，在世界上处于较为落后的局面。而文明程度相对较低的国家，其体育运动水平反而较高。由此可见，人类文明与体育文化之间的关系非常微妙而复杂。

纵观整个人类社会发展的历程，体育文化与人类进化之间的关系非常密切。随着人类社会的不断发展，体育文化也得以形成与发展，可以说人类的发展是体育文化发展的重要基础。人类使用各种自然工具为体育文化创造了物质基础，而原始人类的各种祭祀活动等则为体育文化创造了精神基础。除此之外，随着社会生产力的逐步提高，人们的思想观念和意识也不断进步，这也在一定程度上促进了体育文化的不断发展。经过各个时期的发展，体育文化也从其他文化形态中剥离出来，从而成为一种独立的文化形态。

（二）人类社会的演进与发展

在人类社会发展的早期，人与自然环境之间的关系非常和谐，处于一个非常稳定的局面。但随着人类社会劳动生产力的提高，人们对大自然的改造力度也越来越大。同时原始社会中那些相对封闭的空间逐步被打破，经过一段时期的发展，逐渐形成了体育活动地域性与民族性的特点。这与人类社会的发展与改革是分不开的。后来，在工业文明的变革下，人类社会也发生了相应的变革，体育文化正是在这样的历史背景下获得了迅速的发展。

伴随着现代科学技术的发展，体育科学研究范围不断扩大，人体、各种运动形式等都成为研究的对象和热点，通过广泛而深刻的研究，体育理论研究成果非常显著，这就为体育文化的形成与发展创造了必要的理论基础。而在体育运动不断发展的背景下，体育不再是少数人的"专利"，体育成为社会大众的一种重要休闲方式，这就为体育文化的传播与发展奠定了良好的群众基础。在这样的形势下，体育文化得以广泛传播与发展。

伴随着现代社会的不断发展，体育文化也得到了相应的补充与完善，体育文化中所包含的原始性内容逐渐减少，更多的是被现代体育运动内容所取代。但需要注意的是，体育文化的一些原始性内容也并不是不可取的，其中也有一些有益的成分，在体育文化发展的过程中，不能搞"一刀切"，不能一味地排斥原始体育文化内容，要吸收、借鉴其中有益的成分，这样才能更好地推动体育文化的可持续发展。

在体育文化发展的各个历史时期，各种工业革命、文化革命、科学革命都在其中发挥了极为关键的作用。正是由于这些"助推器"，体育文化才得以更好地传播与发展。在现代科学技术高度发展的今天，体育文化也充满了发展的活力。各种高科技手段的介入与利用，赋予了体育文化新的内涵，世界各国的体育文化逐渐散发出现代化的气息，这说明体育文化的发展是与现代社会的发展同步进行的。总之，体育文化的发展并不是孤立的，其发展极大地推动了社会的发展与进步，反过来现代社会的发展也推动了体育文化的进一步发展。

二、现代体育文化发展的表现

（一）体育的演进历程与体育文化的发展

1. 人类社会的演进对体育提出了必然要求

随着现代社会的不断发展，各种社会关系越来越复杂，但是人与人以及人与自然环境之间的关系却是相对稳定的，在生产力逐步提升以及余暇时间不断增多的情况下，人们开始注重生活的质量，于是从事各种艺术和军事的职业人士开始出现。在传统社会背景下，人们的生活空间受到一定程度的压缩，在封闭的条件下，体育活动的地域性、民俗性、宗法性等特点就逐步形成了。后来，随着工业革命的进行及现代社会的变革，人们的体育活动也发生了较大的改变，体育逐渐成为人们的一种生活方式，渗透到了社会的各个角落。

在科学技术进步的推动下，体育科学研究也得以迅速发展，目前关于体育运动方面的学术研究日益增多，这为体育文化的发展奠定了坚实的理论基础。随着时代的不断向前发展，体育呈现出大众化发展的趋势，深深影响着人们的日常生活。

发展到现在，体育文化的特点越来越鲜明，成为独具特色的文化现象。第一，随着现代社会的发展，体育文化中原始部分内容逐渐消退，现代化的元素逐渐增多；第二，新的民主和平等观念深入人心；第三，体育文化的科学性更加浓厚，获得可持续发展；第四，体育文化的发展难免遇到一定的困难和挫折，但不论如何也不会停下脚步，始终是向前发展的。

如今，体育文化的内容日益丰富，形式也越来越多样化。在体育文化发展的过程中，科学技术为文化的传播创造了良好的条件，政治和经济成为体育文化传播重要的推动力量，体育文化也因此迅速地传播与发展。当前高科技手段在社会各个领域都得到了广泛的利用，在体育运动中也是如此，在各种大型体育赛事或体育表演活动中，高科技手段都参与其中，并发挥着重要的作用，可以说这些高科技手段在一定程度上改变了体育文化本来的面貌，赋予了人类体育文化新的时代内涵。

2. 人类发展的逻辑为体育创造了充分条件

人类在生产与生活的各种活动中，逐步孕育出体育文化的因子。体育运动的形式并不是一成不变的，随着时代的发展和变化，体育文化也会发生改变。最初的体育形式以徒手表现技艺为主，后来随着社会生产力的不断发展，使用体育器械的运动形式大量出现，这对于人类本身及体育文化的发展而言都具有深远的影响和意义。

纵观整个人类社会的发展历史，出现的各种形式的体育文化，主要目标都是让人驾驭外在工具的能力得到有效提升，从而促进人类社会的不断发展，而在人类文明发展的过程中，体育文化在其中扮演了非常重要的角色，这突出表现在以下几个方面：

（1）在历史长河中，人类意识的进化促进着体育文化的不断发展。

（2）体育运动的发展，是各种体育运动工具发展到专门运动器械的过程。

（3）体育运动由初期的形式单一的活动内容，向成熟的体育文化体系方向发展。

（4）体育运动由初期的与其他文化形态的混合发展，向后来独立性的专业化方向发展，并因此逐渐形成独特的体育文化体系。

综上所述，体育文化就是在这样的背景和形势下，逐渐成为现代社会的重要组成部分，并获得进一步的丰富、完善和发展。

（二）现代体育认识与掌控的发展

科学、哲学、艺术等都是人类知识结构中的重要内容，拥有这些方面的知识就等于拥有了打开世界大门的钥匙。在人类所创造的各种文化现象中，体育文化在其中也扮演了非常重要的角色。过去人们对体育的认识还较为肤浅，被认为是大肌肉运动。随着社会的发展和进步，人们逐渐意识到这种认识的局限性，开始综合运用教育学、哲学、社会学、人类学等多学科理论知识来认识体育运动，这样对体育的认识就更加客观和深刻。第二次世界大战之后，体育的文化特性逐渐被人们所广泛认同，体育被认为是一种社会文化活动。发展到现在，体育与艺术之间的交融为人类从更高的"艺术"层面来分析体育特质创造了良好的条件，体育的人文形象也不断加深，体育人文属性更加深刻。

体育的人文属性充分展现了自身与人类精神实质的契合，随着人们认识水平的不断提升，人们开始从多角度、多层次对体育展开细致的研究与分析。随着社会的不断发展，人们对体育的认知水平也不断提升。我们要本着整体发展的眼光看问题，不仅要看到体育的外在表现形式，同时还要看到体育运动中所蕴含的深刻的文化含义，树立体育人文观念，推动体育文化的健康发展。

人类文明是不断向前发展的，伴随着人类文明和社会文明的发展，各种社会文化事业也得以发展，体育文化也不例外。社会文化的发展主要对体育运动技术、体育教育属性等方面的发展起到了重要的作用。如今在现代社会发展的背景下，体育开始由社会教育观向文化艺术观转化，这是体育发展的必然趋势。

（三）现代体育组织与管理的发展

现代社会是一个快速发展的社会，为跟上时代发展的步伐，促进体育文化的发展，人们需要具备丰富的文化知识储备，同时还要有符合现代社会发展需求的创新思维。在我国社会主义现代化建设的今天，作为精神文明的重要内容，我们要重新审视体育文化，结合时代发展的形势，实现体育文化自身发展的良好转变。新的时代需要创新思维，我们不仅要培养和提高人们的体育知识与能力，而且还要帮助人们养成良好的体育思想意识与行为习惯，从而提升体育综合素养。发展到现在，各种体育组织大量出现，形成了一个相对完善的组织与管理模式，这对于体育文化的健康发展是非常有利的。

总之，体育不仅是一种社会文化现象，还是一种综合性的社会活动，随着时代的不断发展，体育已深深融入人们的日常生活，成为不可缺少的社会文化内容。不同国家或地区的机构或组织对于体育的组织与干预，要切实把握好体育文化发展的规律，客观理性地去处理体育文化的相关事务，这样才能推动体育文化的可持续发展。

第三节　体育文化产生的动因与发展走向

一、体育文化产生的动因

（一）体育文化产生的最初动因

研究体育文化产生与发展的动因对于促进体育文化的可持续发展具有重要的意义。在原始社会时期，人的身体活动主要有三种：一是生产活动，如人们为了满足生存的需求从事的捕鱼、狩猎等活动；二是人们在与大自然斗争中所形成的各种运动技能；三是满足人们精神需要的各种游戏或娱乐活动等。实际上这些活动并没有什么明显的区别，有时候难以区分开。但人都是其中最关键的因素，与社会的发展息息相关。因此，我们在研究与分析体育文化的起源时，要重点考察人的因素。

心理学理论认为，人们参加任何活动或产生某种行为都有一定的动机。动机可以说是人们做出某种行为或活动的重要内动力。在一定的欲望和动机下，人们就会相应地做出某种行为。

大量的实践与事实表明，需要是人们产生某种行为活动的重要根源。为了求生存，人们便开始了各种生产劳动，为了沟通与交流，语言文字便得以诞生。因此说，"需要"是人们参加一切活动或产生某种行为的重要动因。但值得注意的是，体育产生于人工的生产劳动，这一说法并没有什么过错，但同时这一说法也不至全面的，因为人们在社会上生存，不仅需要劳动，还需要生活、需要情感的表达等，这与动物之间有着明显的区别，这说明体育产生于人们的社会需要。总之，人们参加各种社会活动和生产劳动，都需要一个健康的身体，体育可以说既产生于人们的生产劳动，也产生于人们的社会活动。

（二）体育文化产生的社会根源

1. 体育文化产生于人们的社会需要

人们的需要是多种多样的，如促进身体健康的需要、完善心理的需要、获得娱乐的需要等，正因为人们多种需要的存在，体育文化才能获得发展。在人类社会发展的各个时期，充满了各种斗争以及宗教活动，正是由于这些活动的推动，体育文化内容才得以不断丰富，获得了持续的发展。

2. 体育文化起源于人类的劳动

人类社会的发展与人们的生产劳动是分不开的，正是由于人类的生产劳动，各种社会事物才得以不断发展和进步，体育文化这一社会现象也是如此。需要注意的是人类的文学、语言等活动也是来源于生产劳动，在具体的研究中，要将体育活动与其区分开来。

人类的超生物经验主要包括各种知识与技能的掌握、内心情感体验等内容，这些内容与动物有着明显的区别，是人类区别于动物的重要标志。随着人类社会的不断发展，处于社会发展中的人们，其劳动与生活经验越来越丰富，这些经验在不同地区之间获得了一定的传播。在语言产生之前，体育文化的传播、发展主要依靠经验的交流，这就是体育文化发展的根本原因。

3. 体育文化同体力劳动有着一定的差别

体育运动并非一种劳动，它是一种以人自身的活动改变人自身的自然属性和社会属性的活动。在体育活动中，主体和客体是统一的整体。通过参加各种各样的体育运动，能产生良好的锻炼效果和价值。因此，体育文化自产生之日起就成为社会上层建筑的一部分，成为社会文化的重要内容。

二、体育文化的发展走向

（一）东西方体育文化相互交融与发展

伴随着全球一体化的发展，体育文化获得了快速的发展。在全世界体育组织的共同努力下，竞技体育与群众体育的融合越来越密切，东西方体育文化之间的沟通与交流更加紧密。

东西方体育文化都是体育文化的重要内容。东方体育文化发源于黄河、尼罗河、底格里斯河等流域，它具有封闭性、伦理性、民俗性、宗教性等方面的特点。西方现代体育则发源于英、美等国家，与现代生产方式有着密切的关系，呈现出鲜明的竞技性、普遍化、个性化等特点。随着时代的不断发展，东西方体育文化逐渐打破隔阂，共同交融与发展。

如今，全球一体化的趋势日益明显，世界体育文化正是各国体育文化不断交融与发展的结果，经过一段时期的发展，大量的西方体育项目在东方世界获得了一定的传播与发展，如田径、游泳、各种球类项目等在东方发展得非常迅速，成为大多数国家重要的体育项目。另外，西方竞技体育在传入东方世界的过程中，与之相关的平等竞争思想观念也深深地影响了东方社会。尤其是以奥林匹克主义为主的西方体育观念对东方体育运动的影响最大。如我国武术参考了西方竞技体育的相关规则与竞赛形式，逐渐形成了散手竞技，这是西方竞技体育与我国传统体育融会与发展的一个典型的例子。由此可见，随着时代的不断发展，东西方体育文化的交流更加密切，从而获得了共同发展。

在西方竞技体育影响我国传统体育的同时，我国传统体育中的一些观念和理念也随之传到了西方，并对他们的体育文化产生了一定的影响。如中国传统体育倡导的自然养生观、动静相关论等观念也在一定程度上被他们所接受，实现了很好的互动、交流、发展。

实际上，东方与西方体育文化并不是孤立的两个部分，它们多是人类共同创造的产物，都属于一种社会文化现象，只不过是在形式、内容方面存在一定的差别，具有独特的个性，但正是这种差异的存在，才促使其获得了相互沟通与发展的动力。目前，大多数学者逐渐意识到东西方体育文化只是特点不同，并没有什么优劣之分，而且二者趋同的趋势日益明显。随着全球一体化的发展，东西方体育文明必将产生更大的碰撞与发展，只有双方加强彼此间的沟通与交流，才能获得更进一步的发展。

（二）多元价值功能的交融与分殊

目前，体育运动获得了高度化的发展，尽管如此，体育运动本身具备的功能也没有得到完全的发挥和利用。而随着时代的发展，人们对体育文化的认识会更加深刻，体育文化的多元化价值与功能也必将被充分挖掘与开发出来，从而推动着社会的不断发展。

1. 健身、娱乐、交往、养生功能的融合

现代科学技术在带给人们实惠与便利的同时，也给人们带来了一些负面影响。人们慢慢开始重视自身身心的健康发展，体育运动促进身心健康发展的价值得以被人们重新审视。如人们参加高尔夫运动，既是人际交往的需要，又是强健身体的需要，同时又有娱乐身心的目的。所以说，体育运动很好地满足了人们的以上多种需求。

2. 竞技与健身分流

社会发展到现在，社会分工越来越精细，而在体育运动领域，伴随着体育赛事的出现和不断发展，社会上也出现了相关的职业。竞技体育与健身开始逐渐分流，获得了高度化的发展。要想在竞技体育的道路上取得成绩，必须要经过长期的艰苦训练，正是在这一驱动力下，越来越多的人投入到竞技体育训练之中，所以说竞技体育必将得到更加迅速的发展。

随着竞技体育的不断发展，其在社会上的影响力也不断扩大，在这样的情况下，人们对体育运动的偏见发生了一定的改变，如今人们深刻认识到体育锻炼对于身体健康的重要性。他们以追求生命的质量和个人的自由为目的，参与或简单或复杂的运动，来促进自己的身心健康，在整个体育运动中蕴含着不同年龄、不同性别的体育追求。

（三）运作方式的多样化

随着现代社会的不断发展，人类认识世界的方式和手段越来越多元化，主要包括科学与哲学的、审美与艺术的、宗教与信仰的等多个方面。但不论是哪一种手段和方式，它们都不是截然分开的，而是一个统一的整体。相信在未来的发展中，体育文化必将更加多元化，其运作方式也更加多样化。

1. 体育艺术化趋向：与文艺的日渐交融

体育与艺术之间的关系非常密切，体育艺术化的趋势主要体现在体育文艺方面。人类社会文化是在不断地分离、融合、再分离、再融合中发展的，体育文艺的出现大大改变了人们的体育价值观，传统的"舞蹈"与"体育"观念逐渐被抛弃，新的"人体文化"诞生，伴随着社会的不断发展，舞蹈与体育逐渐融合成为一种新的社会文化现象。因此说，体育与文艺的交融越来越明显。

2. 机械型运动竞技：与科技的逐步融合

发展至今，竞技体育获得了非常快速的发展，其中一个非常重要的原因就在于现代科学技术的推动。科学技术具有无比强大的力量，它将体育竞技带入了一个前所未有的发展阶段。这不仅表现在各种体育物质产品的创新上，如高科技跑鞋、游泳衣的研发等，还表现在各种先进的科学训练手段的运用上。这些高科技的发明都极大地推动了竞技体育运动的发展。通过这些竞技项目的发展，我们可以预见这些机械型的竞技运动项目必将在现代科学技术的带动下获得更进一步的发展。

3. 绿色体育休闲：与环境的日益和谐

现代社会竞争越来越激烈，人们承受的压力也越来越大。人们为了缓解疲劳，获得身心的愉悦，倾向于在余暇时间选择参加各种休闲体育活动，如各种球类运动、轮滑、滑板等。通过这些休闲体育活动，人们能从中获得快感和满足。近些年来，户外运动在世界上比较流行，如攀岩、野营、漂流等深受人们的喜爱。在与大自然亲密接触的同时，人们还从中获得了愉悦的身心享受，促进了人与自然的和谐发展。在现代社会发展的背景下，倡导绿色休闲体育活动逐渐成为人们的共识。北京冬季奥林匹克运动会提出的"绿色奥运"就是这样一种重要的观念。现代高科技的发展在一定程度上给自然环境带来了一定的破坏，在今后我们要权衡二者之间的关系，不能牺牲自然环境为代价来促进体育运动的发展，而是要实现人与自然，体育与自然环境的和谐发展，因此说绿色体育休闲活动成为体育文化的一个重要的发展方向。

（四）实施空间的拓展

1. 城乡空间的拓展

随着现代社会以及科学技术的不断发展，体育文化迎来了良好的发展契机，这突出表现在城乡发展方面，随着时代的发展和进步，城乡体育运动的发展空间会越来越大。

（1）随着体育事业的发展，我国政府部门加强了体育基础设施建设，这为广大的人民群众参加体育锻炼提供了良好的物质基础，通过参加各种各样的体育活动，人们的身心素质得以提高。

（2）现代社会的发展丰富了人们的生活方式，体育以其独特的优势成为科学、文明健康的生活方式的最佳选择，因此如今社会上的体育文化氛围非常浓厚。

（3）体育文化之于整个社会文化的发展具有重要的意义，通过体育文化的传播与发展，整个城市的精神风貌能得到很好的展现，同时城市文化也获得健康快速的发展，这是体育文化传播功能的重要体现。

除此之外，伴随着城市体育的发展，农村体育也获得了一定程度的发展。农村体育与城市体育之间的交流更加密切，这为促进农村体育运动的开展提供了良好的条件，农村体育的发展能极大地丰富农民的精神文化生活，这对于我国社会的和谐与稳定也具有重要的意义。

2. 民族体育文化与世界体育文化的交融

在全球一体化发展的今天，任何事物的发展都不是孤立的，都与其他社会文化现象发生着某种联系。体育文化的发展也不例外。世界上各个国家都有自己独特的民族体育文化，这些体育文化并不是孤立存在的，尽管各个国家的体育文化受各种客观因素的影响而存在着一定的差异，但是这些体育活动的本质与价值是相通的。伴随着人类文明的进一步发展，世界各国和地区的体育文化会打破地域性限制，不断获得彼此间的交流与发展，从而走向一体化。

总之，在全球一体化发展背景下，各个国家之间的民族体育文化也不断对外传播与发展，各国家的独特的体育文化相互碰撞与交流，擦出交融与发展的火花，不断推动着体育文化全球化的发展。而这种全球化发展的态势反过来又为各国的民族体育文化提供了更加广阔的舞台，世界体育文化从而获得了飞跃式的发展。

（五）体育文化逐步向商业化发展

在整个人类社会发展的过程中，其发展主要以是否有利于生产力的发展为标准，最终表现为政治与经济的稳定发展，尤其是在现代社会中，经济条件更加重要，可以说只有经济得到了发展，社会其他方面才有可能获得发展。

如今人们已经很难离开体育运动，体育人数越来越多，这深深说明了体育运动具有强大的影响力。参加体育运动不但丰富了生活方式，而且使人们获得了某种审美观念和精神享受。与此同时，我们更应该从体育运动给人们带来的利益去思考。发展到现在，体育文化的经济价值、商业价值日益凸显，也越来越受到整个社会的广泛关注和重视。例如，体育文化在带给人们某种审美情趣的同时，也加强了彼此之间的沟通与交流，使人们获得了巨大的精神力量，这是体育文化无可比拟的优势。随着体育运动的不断发展，大量的体育赛事层出不穷，体育运动开始进入产业化与市场化发展的轨道，在这样的背景下，体育赛事举办方与商业媒体等的合作难免会在利益分配方面出现一定的冲突，由此可见，体育文化不仅仅只有社会效益，同时也存在着经济利益，尤其是在市场经济发展的今天，体育文化的商业化发展趋势越来越明朗。

（六）体育文化逐步向人文化方向发展

体育文化有着悠久的历史，历经各个时期的发展，体育文化才呈现出如今这一发展形态，体育文化可以说是一种人文文化形态，同时也是一种重要的社会文化现象，其发展始终都展现出浓厚的人文精神，随着人们主体意识的觉醒，体育文化更加彰显出人文本质、人文理性和人文精神，在未来的发展中，体育文化的发展将会更加贴近大众文化生活，满足大众体育文化的需求，提升大众的体育文化品格。

因此，在未来体育文化发展的过程中，我们首先要不断完善自身，用新理念、新知识来完善自己，提高自身的综合素质，与此同时，还要不断增强体育工作者的责任感，这样才能更好地推动体育文化的可持续发展。

第三章 传统视域下的体育文化分析

第一节 竞技体育文化及人才的培养

竞技体育作为体育文化的主要部分，不但以精彩、激烈和惊心动魄打动着人们，更以广泛的参与性感染和丰富着人们的精神生活。而运动场上的各种竞争更是给人以无限的启迪。

从人类社会孕育体育的那一刻起，体育就被烙上了文化的印记。从文化的角度去审视体育，或者去研究体育中所蕴含的文化，其浩瀚复杂只会混淆我们的思维。从事物的特殊性去审视体育，竞技性最能表现出体育运动的文化属性，也正是因为体育中存在的竞技性，主导了体育的存在，衍生出更多的新的文化内容，正是竞技基因不断注入人的身躯内，才使之繁衍并渗透到每一项运动中。抛开体育所包含的多重文化意义外，从竞技文化的角度去审视体育似乎说服力更强。

竞技文化并不是专指一种属性文化，它不仅指在体育竞赛运动中形成的赛场文化，也包含与体育竞赛相关联的一切社会文化。像人们在体育运动中所形成的道德精神文化和物质文化、体育运动的组织管理文化以及与之相关的政治经济文化等，都属于竞技文化的范畴。竞技文化主要集中在体育运动物质精神文化和组织管理文化上。虽然竞技文化存在于所有的体育运动项目之中，但在不同的竞技水平、不同体育层次之间的体育形式中，所展现的文化层面以及某一层面文化的程度都有不同。大众体育追求的是娱乐、健身文化，而职业体育是倾向于挑战人类极限的文化。

一、大众体育竞技文化

与职业体育的高度专一相比较，大众体育的目标更加多元，人们参与其中也非一味地去追寻"金牌第一"的价值体现，而是更加趋向于其中的体验。尽管依然存在竞技性，然而这种性质受到娱乐性、健身性等功能的影响，运动项目的竞技性变成了大众参与其中的附属效用。

（一）大众竞技文化的娱乐特征

大众竞技文化，作为当代社会文化中不可或缺的一部分，以其独特的魅力和感染力，已经深深地渗透到人们的日常生活中。其中，娱乐性是大众竞技文化一个显著的，也是备受关注的特征。

大众竞技文化的娱乐特征体现在多个方面，包括表演功能、标准功能、教育功能以及社交功能。这些功能的发挥，使得竞技运动成为一种集体育、艺术、教育、社交于一体的综合性娱乐活动。在未来，随着社会的发展和人们需求的变化，大众竞技文化可能会展现出更多的娱乐特征，为人们的生活增添更多的色彩。

（二）大众竞技文化的组织形式

大众竞技文化作为一种广泛流行的文化形态，其组织形式是多种多样的，而且在不同的国家和地区，其组织形式也各有特色。职业联赛是大众竞技文化中最具代表性的组织形式之一。它通过设立一系列的比赛和活动，吸引观众参与，并通过门票销售、广告赞助等方式获取收益。职业联赛的组织形式通常包括联赛委员会、球队、球员、教练员、裁判员等，其运作方式也相对较为成熟和规范。

大众竞技文化还以民间团体的形式存在。这些民间团体通常由爱好者自发组织，通过举办各种形式的比赛和活动来吸引更多的参与者。民间团体的组织形式相对灵活，可以因地制宜地开展各种活动，但其管理和发展也面临着一些困难和挑战。

随着互联网的普及和发展，网络平台也逐渐成为大众竞技文化的重要组织形式之一。通过网络平台，人们可以随时随地参与各种在线竞技游戏，与其他玩家进行互动和竞技。这种组织形式具有便捷性和灵活性的特点，但也存在着一些安全隐患和道德风险。

学校体育课程也是大众竞技文化的重要组织形式之一。通过在学校开设各种体育课程和体育活动，可以培养学生的体育兴趣和竞技能力，同时也可以促进学生的身心健康和社交能力。这种组织形式具有普及性和教育性的特点，对于推广大众竞技文化具有积极的作用。

（三）大众体育竞技向业余体育发展

随着社会的发展和人们生活水平的提高，大众体育竞技逐渐向业余体育方向发展。这种发展变化不仅反映了人们对体育需求的转变，也体现了体育文化的多样性和包容性。此外，随着人们认识水平的提升，越来越多的人开始关注健康、休闲和娱乐。在这种背景下，业余体育开始逐渐兴起。业余体育不仅为人们提供了一种放松身心、锻炼身体的方式，还为人们提供了一个展示自我、实现自我的平台。

目前，人们对体育的需求已经从单纯的竞技比赛逐渐转向了健康、休闲和娱乐。这种需求的转变使得大众体育竞技逐渐向业余体育方向发展。随着社会的发展，越来越多的人开始关注体育，参与体育活动。这种参与度的提高为业余体育的发展提供了广阔的空间。随着训练方法的改进和科学技术的进步，人们的竞技水平不断提高。这种提高不仅使比赛更具观赏性，也使得更多的人愿意参与业余体育比赛。

大众体育竞技和业余体育并不是相互排斥的，而是相互促进的。大众体育竞技可以为业余体育提供技术和理论支持，而业余体育则可以为大众体育竞技提供更广阔的发展空间。虽然大众体育竞技和业余体育的目标略有不同，但它们的目标都是推动体育事业的发展，提高人们的身体素质和生活质量。

大众体育竞技向业余体育发展是社会发展的必然趋势。这种趋势反映了人们对体育的多元化需求和对健康、休闲和娱乐的追求。未来，随着社会的发展和人们需求的变化，大众体育竞技和业余体育将会更加紧密地结合在一起，共同推动体育事业的发展。

二、职业体育竞技文化

职业体育是指以某一运动项目为劳务性生产经营，围绕该项目生产开发而形成相对独立和完整的商业化经营体系，也称为商业体育。从总体上看，职业体育是一种通过以销售入场券、赛事转播权等形式，以销售比赛观赏价值获取利润为目的的商业体育行为。职业体育是指运动员以从事某种体育运动为谋生手段的体育。美国男子职业篮球联赛、欧洲足球联赛就是职业体育的典型代表。与大众体育和业余体育相比，职业体育也有属于自己的竞技文化。

（一）职业体育的发展进程

职业体育诞生于西方国家，其形成经历了绅士体育、商业体育和职业体育三大阶段。在绅士体育阶段，体育主要是以业余俱乐部的形式向一些高收入的贵族们开展体育活动，它对参与者在职业、社会收入等方面做了一些限定。在商业体育阶段，组织者通过商业化操作，招募社会的底层人员进行商业比赛，并从中获得商业利润。这一时期，商业属性基本得以体现，不但简单的竞赛规则已经形成，政府也围绕这种形式的体育，确定了基本的法律保护。19 世纪末期，由于社会经济迅速发展，人们生活水平有了较大幅度的提高，一些群众基础好、观赏价值高、竞技性强的运动项目开始走上了职业化发展道路，职业体育阶段初步形成。随着大众观赏水平的提高，社会对体育竞赛的表演性产生了强烈的需求，商业化进一步渗透，开始产生职业运动员与职业体育俱乐部，并最终形成职业体育。

（二）职业体育的基本特征

要全面了解职业体育的特征，必须从职业和体育两个角度予以把握。

从"职业"角度分析职业体育的特点，主要表现在两个方面：①具有生产性。职业体育运动过程实际上就是"商品"的生产过程，而这里所谓的"商品"就是职业运动员通过身体的运动表现出来的竞技比赛。②具有商业性。这种商业性是指组织者通过多种手段将竞技比赛作为商品实现与观众、传媒等之间的商品交换。

从"体育"的角度分析职业体育的特征，需要突出职业体育所具有的高度竞技性，主要表现在三个方面：①激烈的竞争。职业体育不同于其他体育形式，职业体育追求的是社会认可，这种认可在赛场上的体现就是"比赛的优胜"。为了实现这一目标，运动员之间便在心理和身体上展开了激烈的竞争。②严明的规则。严格的竞赛规则不仅为运动员提供了一个公平、公正的比赛环境，更体现着职业体育竞赛所要传达的一种社会文化和价值认同。③高度的认同。因为职业体育竞赛是在公平的竞赛环境中，通过激烈的竞争所产生的竞赛结果，所以会得到社会的高度认同。

（三）职业体育的系统化表现

职业体育的系统化不仅体现在竞赛的组织管理上，还表现在对职业运动员的训练培养方面。

1. 竞赛组织管理的系统化

在竞赛的组织管理方面形成了系统的组织竞赛部门，涉及以下方面：

（1）组织委员会。组织委员会是竞赛组织工作的最高领导机构，主要负责，审议各职能机构的设置及负责人名单，审议批准竞赛组织的实施方案，审议竞赛经费以及竞赛过程等重大问题。

（2）组委会办公室。组委会办公室的职能是拟定文件、组织会议、监督协调、上传下达、文档管理。

（3）竞赛部。竞赛部主要负责制订竞赛方案及实施。

（4）新闻宣传部。通过新闻传播扩大竞赛的社会影响。

（5）安全保卫部门。安全保卫部门主要负责竞赛的所有安全工作。

此外，还有行政后勤部、大型活动部、外事接待部以及单项竞赛委员会等。运动竞赛的顺利开展，需要各部门有条不紊地工作，其中任何一个环节出现错误，都会影响比赛的进展。

在竞赛的管理方面，管理者主要体现在三方面的管理上：①对人的管理，主要体现在比赛中的运动员、裁判、观众、记者以及志愿者等群体，虽然管理的针对性有所不同，但总目标是为了比赛的顺利进行；②对财务的管理，主要体现在资金的来源、分配以及支出三个方面；③对物的管理，主要包括对运动场地和运动器材的管理，不仅要管理体育场地的专用器材，还要对体育场地的公共设备有所考虑。不仅体现在比赛中，也体现在比赛前、比赛后。对竞赛中人、财、物的管理也不仅仅局限于一个部门，还需要各部门的相互配合、协调，共同推进。

2. 体育运动员培训的系统化

随着竞技体育的不断发展，运动员的培训已经成为一个系统化的过程。这种系统化的培训不仅提高了运动员的竞技水平，还有效地促进了竞技体育的持续发展。

（1）制订计划。制订科学的训练计划是实施系统化培训的关键。训练计划应该根据运动员的实际情况和目标进行制订，包括训练内容、时间、强度等。

（2）分阶段实施。系统化的培训应该分阶段实施，每个阶段都有明确的目标和任务。通过分阶段实施，可以更好地掌握运动员的进步情况，及时调整训练计划。

（3）评估与反馈。评估与反馈是实施系统化培训的重要环节。通过对运动员的训练情况进行评估，可以及时发现问题并进行调整。同时，运动员也应该对教练员的指导进行反馈，提出自己的意见和建议。

（4）持续改进。系统化的培训应该是一个持续改进的过程。通过对训练计划、实施方法等进行不断优化和完善，可以提高运动员的竞技水平，促进竞技体育的持续发展。

体育运动员培训的系统化是竞技体育发展的重要趋势。通过系统化的培训，可以提高运动员的竞技水平、培养更多高素质的竞技体育人才，促进竞技体育的持续发展。未来，随着科技的进步和竞技体育的发展，体育运动员的培训将更加智能化、科学化、系统化。

三、业余体育竞技文化

业余体育是介于大众体育与职业体育之间的体育形式，与大众体育相比，从事业余体育的人群更加众多；与职业体育相比，业余体育并非以体育为职业，其竞技水平虽然很高，但和职业运动员相比在整体上还有差距。因此，业余体育的目的主要是通过竞赛活动提高技术水平，并借此推动大众体育活动走向高潮。但与职业体育竞赛相比，它更侧重于普及，并将竞赛与锻炼有机结合，以竞赛促进锻炼，它的组织管理程序也基本呈现出大型职业体育竞赛的雏形。

（一）业余体育的管理阵营

我国业余体育主要有学校和社会两大阵营。学校阵营中，参与的对象主要围绕学生展开，如参加中学生运动会或大学生运动会；社会阵营中，主要以单项协会为主展开。

在学校阵营中，业余体育是三级管理结构，主体是体育教育部门。教育训练工作主要由国家指导省市，省市指导地方学校，层层指导，环环相扣。无论是管理部门还是管理形式，都是自上而下的单一形式。

在社会阵营中，业余体育的管理和组织形式与学校阵营有着显著的不同。社会阵营的体育活动主要由各类单项协会、体育俱乐部、社区组织或者民间团体等非政府组织主导。这些组织相对独立，拥有更大的自主性和灵活性。

（二）业余体育的竞赛形式

按照竞赛的规模和性质，业余体育竞赛可以分为国家级体育赛事、省级体育赛事、市级体育赛事、乡镇体育赛事以及公司或者小团体的体育赛事。规模不一的业余体育赛事，根据其举办的目的和意义，其形式也多种多样，主要有以下方面：

（1）由政府部门组织开展的业余体育赛事。主要目的是扩大体育运动项目在国内的影响，促进大众体育运动的发展。

（2）由大型公司、企业举办的商业赛事。这种属性的赛事规模一般在一个或者多个城市举办，主要目的是商家提升品牌形象，扩大商品的影响力。

（3）企业与企业之间所举办的友谊性质的比赛。主要目的是促进员工之间的相互交流，提升企业内部的体育运动氛围。

（4）俱乐部内部或者俱乐部之间所开展的体育竞赛。目的是提升俱乐部的知名度，招收新的成员，并以此活跃学员的练习氛围，提升学员的积极性。

（三）业余体育的研究课题

我国学者对业余体育的研究，方向大都集中于青少年的业余训练，主要包括训练班的开展、存在的问题以及训练之中的健康状况。与职业体育的科学系统性相比，无论是科研经费的投入还是科研工作者的专业性，业余体育科研都无法与其媲美。

四、竞技体育人才的培养

（一）竞技体育人才培养的基本原则

第一，培养竞技体育人才的理念要与时俱进。随着社会经济的快速发展，国家和社会对高校体育人才的要求也越来越高，因此各高校需要与时俱进改革和创新培养人才的管理模式，如根据具体的培养对象制订合理的培养目标，寻找新的培养人才的模式和方法，创新培养人才的教育理念，争取为国家和社会培养出更多的"高文化、高修养、高技能"竞技型体育人才。

第二，创新人才培养模式，坚持人才需求多元化。我国始终坚持社会主义市场经济的发展方式，在培养满足社会和国家发展的体育人才的过程中可以改变和创新培养人才的管理模式，改变原有的单一化人才培养模式，提供多样化的方法，满足高校和社会发展需求。高校要逐步改变专业型人才培养模式，要为国家和社会培养更多复合型人才。由此可见，为了能够更好地培养竞技体育，社会、国家、企业要多方面联合起来，共同参与，形成合力。

第三，关注运动员的职业生涯发展规划。运动员的职业生涯发展规划是他们长期发展的重要部分。它涉及运动员的职业选择、技能提升、职业转型等多个方面。运动员的职业生涯通常在他们的青少年时期开始，因此早期的规划非常重要。这包括选择合适的运动项目、参加专业的训练，以及建立良好的学习和生活习惯。运动员需要不断提升自己的技能和体能，以保持在竞争激烈的运动领域具有竞争力。这可能需要他们参加各种训练课程，接受专业的指导，以及进行大量的实践。许多运动员在他们的职业生涯结束后，需要进行职业转型。这可能是因为他们的身体条件不允许他们继续从事原来的运动，或者他们希望在其他领域寻找新的机会。因此，运动员需要提前规划他们的职业转型，包括学习新的技能，建立新的人脉，以及寻找新的工作机会。运动员的职业生涯往往充满了压力和挑战，因此他们需要关注自己的心理健康。这可能包括寻求心理咨询，学习压力管理技巧，以及建立支持系统。运动员的职业生涯通常不会持续很长时间，因此他们需要提前规划自己的退役生活。这可能包括储蓄退休金，建立个人品牌，以及寻找其他的生活目标。

运动员的职业生涯发展规划是一个复杂的过程，需要他们在多个方面进行考虑和规划。只有这样，他们才能在职业生涯中取得成功，同时也能为退役后的生活做好准备。

（二）竞技体育人才培养的实践思路

竞技体育人才的培养是一项系统性、复杂性工程，需要从多个方面进行实践。以下将对竞技体育人才培养的实践思路进行深度分析阐述。

1. 制订长远规划

竞技体育人才培养需要制订长远规划，以确保人才培养的连续性和科学性。这个规划应该基于对项目发展的整体把握，明确人才培养的目标和步骤，同时要注重不同阶段之间的衔接和配合。长远规划应该与竞技体育发展的战略目标相一致，同时还要考虑社会需求、教育制度等多方面因素。

2. 实施科学训练

科学训练是提高竞技体育人才水平的关键。要结合运动项目的特点和运动员的个体差异，制订科学、系统的训练计划，并注重训练效果的反馈和调整。科学训练应该包括体能、技术、战术、心理等多个方面，同时还要注重训练的针对性和实效性。

3. 加强竞赛实践

竞技体育人才的成长需要经过大量的竞赛实践。通过参加各种级别的比赛，可以让运动员更好地了解自己的优势和不足，同时也可以帮助他们更好地适应比赛环境和对手的挑战。加强竞赛实践应该包括组织内部比赛、参加外部比赛等多种形式，以便让运动员在不同环境下得到锻炼和提高。

4. 优化人才培养环境

竞技体育人才培养需要优化人才培养环境。这包括政策环境、社会环境、经济环境等多个方面。要积极争取政府部门的支持和投入，推动政策环境的改善；加强与媒体和社会各界的合作与交流，提高竞技体育的社会认知度和影响力；加强与企业的合作，争取更多的经济支持和赞助。

5. 建立评估反馈机制

建立评估反馈机制是竞技体育人才培养的重要环节。要对人才培养的过程和结果进行定期评估和反馈，以便及时发现问题并进行调整。评估反馈机制应该包括定量评估和定性评估等多种形式，同时还要注重评估结果的运用和转化。

6. 持续改进和创新

竞技体育人才培养是一个持续改进和创新的过程。要根据项目发展的需求和运动员个体差异，不断调整和完善培养方案和方法，以提高人才培养的效益和质量。要鼓励创新和实验，探索新的训练方法和教学模式，以便更好地适应时代发展的需要。

第二节 群众体育文化及其发展

作为体育亚文化的重要内容，群众体育在我国体育文化事业发展的过程中扮演着十分重要的角色，从某种程度上来说，群众体育就是体育文化发展的根本，也是"体育强国"战略建设中非常重要的内容。本节主要就"体育强国"战略下我国群众体育的发展进行研究，首先阐释群众体育的基本理论知识；其次分析我国群众体育的发展现状，揭示当前存在的问题。

一、群众体育概述

（一）群众体育的概念

1. 广义层面的群众体育概念

广义层面的群众体育是指与竞技体育并存的现代体育的重要组成部分，其本质指的是广大群众在余暇时间中广泛开展的，以身体运动作为主要手段，以提高健康水平、进行娱乐消遣为主要目的，在身心健全发展的阶梯上不断超越自我，促进社会物质、精神文明进步的大规模社会实践。

2. 狭义层面的群众体育概念

狭义层面的群众体育也称"社会体育""大众体育"，是指厂矿、企业、事业、机关的职工，以及城镇居民与农民，为达到健身、健心、健美、娱乐、医疗等目的而进行的内容丰富、形式多样的身体锻炼活动。

随着社会经济文化的发展，群众体育涉及的领域越来越广泛，形成了专门的研究范畴。群众体育内容丰富，如表 3-1 所示。

表 3-1 群众体育的分类与内容

分类依据	主要内容
区域特征	城市体育、乡镇体育、农村体育
年龄	婴幼儿体育
	少年儿童体育
	青年体育
	中年体育
	老年体育
性别	女子体育
	男子体育
职业	职工体育
	农民体育
	军人体育
健康状况	正常人体育
	残障人体育
活动场所	家庭体育
	社区体育
	企业体育

（二）群众体育的基本特征

1. 活动目的的健身性

群众体育活动是以健身、娱乐和社交为主要目的的体育活动。其最显著的特点是注重健身性，通过参与体育活动，达到增强体质、促进健康、预防疾病的目的。

群众体育活动最直接的目的就是增强体质，提高健康水平。通过参与体育活动，可以有效地改善身体机能，增强肌肉力量，提高心肺功能，改善身体形态，从而达到提高身体素质、增强体质的目的。同时，体育活动还可以促进身体的正常发育和机能发展，预防疾病，提高身体免疫力。

群众体育活动不仅可以促进身体健康，还有助于促进心理健康。通过参与体育活动，可以释放压力、缓解紧张情绪，提高睡眠质量，提高自信心和自尊心。同时，体育活动还可以增加社交机会，促进人际交往，改善人际关系，增强社会适应能力。

2．体育活动的文化性

体育活动具有深刻的文化性，许多体育运动最初都是由游戏或祭祀仪式演变而来，经过长期发展和演变，逐渐形成了附着在体育运动之上的体育文化。在现代社会，随着生产方式的改变，人们从过去的体力劳动转变为脑力劳动，容易受到"文明病"的困扰。同时，人们越来越关注民俗民族传统体育运动，以及精神文明建设的需要，这些因素都要求体育运动成为现代人生活中的必需品。群众体育中的许多项目具有丰富的文化内涵，它们品位高雅，甚至引领运动潮流。有的项目对场地和气氛有很高的要求，有的凝聚着深厚的历史积淀，有的已与音乐和舞蹈融为一体。所有这些富含文化的运动项目都能给运动者带来一种高尚的文化享受。

3．活动性质的公益性

群众体育在启动之初就确立了其公益性的核心属性，这意味着这项活动属于社会公众，必须符合公众的利益。然而，作为社会主义市场经济体制下的一项公益性社会事业，群众体育事业的发展并不要求国家全面负责，将其转变为纯福利事业。相反，它要求政府、社会和公民各自承担相应的责任。在一些活动中，人们可能需要支付一定的费用，但这仅仅是为了获得更稳定、更高质量的活动体验，并不会改变群众体育的公益性特征的本质。

4．活动内容的娱乐性与多样性

群众体育活动轻松、愉快、活泼、新颖，具有娱乐性，能满足人们的娱乐需求。此外，群众体育的活动项目，以广大群众喜闻乐见为前提，内容丰富多彩，目前流行的群众体育项目有步行、健身操、保龄球、交谊舞、高山滑雪、攀岩、滑板、滑翔、漂流、冲浪、徒步穿越、山地自行车等。户外运动的热潮在很多国家都居高不下，它强调利用森林、山地、湖泊、水库、海滩等自然资源开展体育活动。此外，我国目前已整理出大量的少数民族传统体育项目和汉族体育项目，这些体育项目极大地丰富了群众体育的内容。

5. 服务对象、投资主体与工作方式的多元性和灵活性

群众体育具有多元性和灵活性的特征。这两种特征的表现主要在三个方面，即服务对象、投资主体和工作方式。

（1）服务对象的多元性和灵活性。群众体育所针对的对象为全体社会公民，那么就包含了各类人群，如按年龄划分为少儿、青年、中年、老年，不同年龄、不同性别、不同爱好、不同职业的人，都可以在其中找到自己的位置。为此，群众体育就需要在广泛开展的同时兼具对不同对象的服务。

（2）投资主体的多元性和灵活性。群众体育计划的实施需要一定经费的投入。《群众体育计划纲要》中提出："体育部门要改善资金支出结构，逐步增加群众体育事业费用在预算中的支出比重，鼓励企事业单位、社会团体、个人资助体育健身活动。"这说明了投资主体并非是政府一家，还需要社会经济团体、社会筹集和个人投入的辅助。随着我国社会经济的快速发展，投资主体的多元性和吸收资金的方式也愈加灵活。

（3）工作方式的多元性和灵活性。群众体育的开展呈现出火热的氛围，而组织相关活动的单位除了政府以外，还有众多的社会体育组织、单位体育组织，甚至是社区体育组织，由此就形成了一个多元的工作体系。人们在参与群众体育之时，可以根据自身的实际情况和活动需求，选择任意一个组织的活动。可以说，每个体育活动组织都有各自固定的消费群体。

（三）群众体育的开展形式

群众体育作为我国体育事业的重要组成部分，活动开展的形式主要有以下几种。

1. 体育保健运动

体育保健运动是一种有益于身体健康和心理平衡的运动，它旨在通过各种运动方式和技巧来提高人们的身体素质和心理健康。体育保健运动包括各种类型的运动，如瑜伽、太极拳、健身操等，这些运动都有助于增强身体的柔韧性、力量和耐力，改善心肺功能，缓解压力和焦虑。此外，体

育保健运动还可以预防和治疗一些身体和心理问题，如肥胖、高血压、糖尿病、抑郁症等。总之，体育保健运动是一种有益于身心健康、值得推广的运动方式。

2．体育娱乐活动

体育娱乐活动指的是以寻求乐趣、消遣余暇为目的的体育活动，开展这类活动通常需要具备一定的场地设备条件。

3．体育竞技比赛

体育竞技比赛是激励群众参与体育锻炼，推动群众体育发展的有效途径。在组织群众性的竞技体育比赛时，应从实际需要出发制定规章制度和比赛规则，为群众参加比赛提供机会，提高群众参赛的积极性，同时还要控制好比赛的运动负荷和比赛强度，保障参赛群众的安全。

4．体育旅行活动

体育旅行活动是一种将体育和旅行相结合的休闲活动。人们通过参与各种体育活动，如徒步、骑行、划船、滑雪等，来探索自然、放松身心，同时也能锻炼身体、提高身体素质。此外，体育旅行活动还可以帮助人们拓展社交圈子和增强自信心。这种活动特别适合那些追求健康生活方式和热爱体育的人。

二、群众体育发展现状及存在问题分析

（一）我国群众体育的发展现状

1．宏观层面的发展现状

（1）经济体制改革促进群众体育发展。在改革开放前，我国社会经济体制以计划经济为主，计划经济体制下，国家统一调配社会经济资源，通过资源的调配来推动生产力提高和社会经济发展，这一时期国家不太重视群众体育的发展，群众体育发展速度与整体水平落后于竞技体育。改革开放后，我国经济体制实现了重大转型，以市场经济为主。在新的经济体制下，国家主要发挥宏观调控功能，社会协同与人民参与是新体制的重要特征。市场经济的发展与成熟有力提高了社会生产力，提升了人民生活水平，

也对群众体育的发展起到了重要的促进作用。

（2）相关法律政策越来越完善。群众体育得到政府部门的高度重视后，相关法律政策逐渐出台，制度保障体系越来越完善。下面简单提出几项重要的政策文件。

1979 年，《关于加强群体工作的意见》的出台为农村体育活动的开展提供了政策指导。1990 年，《学校体育工作条例》的颁布使得学校体育工作进一步加强，学校体育基础差的问题得到改善。1995 年，我国群众体育迈入新的发展阶段，主要标志是《全面健身计划纲要》的颁布，《中华人民共和国体育法》也是在这一年颁布的。2010 年，《关于加快体育产业的指导意见》的出台推动了我国体育产业的大力发展，这对于促进群众多元化体育需求的满足、促进社会体育设施的完善具有重要意义。

近些年，我国出台了很多对群众体育发展有重要指导意义的政策性文件，如《"健康中国 2030" 规划纲要》《关于加快发展健身休闲产业指导意见》《社会体育指导员技术等级制度》等，不断完善的群众体育政策法规为群众体育的有序发展提供了重要的保障。

2. 中观层面的发展现状

（1）公共体育场地设施增多。群众体育活动的开展离不开场地设施这个重要的物质基础。在群众体育发展初期，人们普遍都是在自家院子、社区空地、马路上等简单的几种场地进行体育锻炼，这些锻炼场所也未配备完善的体育设施，总之公共体育设施服务情况不佳。我国开启全民健身计划以来，群众体育的发展迎来了重要机遇，政府有关部门增加了对公共体育场地设施建设的投入力度，群众有了更多的活动场所，而且俱乐部、体育馆、健身房、公园、广场等活动场所配备了运动器材，以满足大众锻炼之需。此外，一些学校的体育场馆在节假日无偿对外开放，为群众体育活动的开展提供了便利。总之，不断完善的公共体育场地设施满足了人民群众参与体育锻炼的基本需求，这对于全民健身计划的进一步开展及群众体育的普及起到了重要推动作用。

（2）社会体育指导员增多。社会体育指导员对我国体育事业尤其是群众体育事业的发展起到了举足轻重的作用。随着政府与社会对群众体育关注度的提升，社会体育指导员培养问题也受到重视，近些年我国社会体育指导员人数大幅增长，指导员队伍日益壮大，有效提高了群众体育活动的开展水平。

（3）体育消费水平提升。我国人民群众的收入水平自改革开放以来不断提升，在居民日常消费中，体育消费占有一定的比重。群众的体育消费主要是购买实体产品，如购买运动器材、体育书刊资料、运动服装、健身卡、门票等。

人民群众体育消费水平提升反映出人民群众收入增加、生活水平提高、健身意识增强、消费理念更新等积极的变化，不断提升的体育消费水平对体育产业的发展起到了重要推动作用。

3. 微观层面的发展现状

（1）群众体育参与人数增加。群众体育对参与者的年龄、职业、文化程度是没有限制的。正因如此，群众体育吸引了大量人群参与。群众体育的分类形式多样，不同类型的群众体育吸引了特定人群参与。例如，在老龄化趋势日趋严重的今天，政府与社会普遍关注老年人的身心健康，老年人体育的发展也受到重视。此外，学校体育、残疾人体育也受到了特定群体的关注，吸引了大量学生与残障人士的参与。总之，社会上各个群体都能找到适合自己的体育项目和体育锻炼方式，群众体育的人口规模明显增加。

（2）群众体育参与项目增多。在群众体育的初级发展阶段，因为生活水平有限，科学技术还不够先进，人们的体育活动大都比较简单，主要参与散步、跑步、广播体操等对场地设施没有太高要求的传统项目。后来，国家越来越重视群众体育，通过出台一系列政策、增加财政投入力度来支持群众体育发展。这时人民群众的体育锻炼意识也不断增强，对体育锻炼有了更多的需求，跑步、散步这些简单的活动已难以使人们的需求得到满足，因而人们选择参与越来越丰富的体育运动项目。近年来人们参与度高的体育项目有广场舞、登山、器械健身、球类运动、马拉松、攀岩、水上项目等。

（3）群众体育参与形式多样。随着大众体育锻炼意识的增强和生活水平的改善，越来越多的人已经不满足于以单一封闭的活动形式参与体育锻炼，丰富多样的活动形式受到了人们的追捧。在全民健身开展得如火如荼的今天，"15分钟健身圈"逐渐出现在很多城市，以健康和体育为主题的公园也陆续建设，公园中不仅有运动健身功能区，还有健康知识传播功能区，人们在公园里不仅可以参加健身锻炼，还能学习健康知识与技能，这些知识与技能对人们科学健身具有重要指导意义。健康主题公园的建设使群众体育更加贴近人们的生活，使体育锻炼成为人们生活中的一个重要组成部分。

近些年还出现了很多新的体育活动参与方式，如兴趣型、家庭型、社区型、广场型等，下面做简要分析。

（1）兴趣型。人们利用互联网平台发现体育爱好者或运动达人交流圈，然后进一步发现与自己有相同体育兴趣爱好的小圈子，与志趣相投者组成"朋友圈"，一起参加共同感兴趣的体育活动，这样不仅能锻炼身体，娱乐放松，还能交新朋友。

（2）家庭型。家长利用节假日时间与孩子参与亲子体育活动，既能提高健康水平，又能与孩子沟通交流，增进情感。

（3）社区型。社区居民利用社区公共体育运动场所和健身器材进行锻炼，并组织一些社区体育活动，以营造良好的社区运动氛围，同时巩固邻里关系。

（4）广场型。广场是当今社会非常重要的一个公共体育活动场所，广场舞就是在广场上流行起来的一个健身项目。广场上有共同兴趣爱好的人聚集在一起活动，既能锻炼身体，又能沟通交流、娱乐身心，这是广场型体育活动方式广受欢迎的一个重要原因。

上述体育活动组织与参与形式丰富了人们的日常生活，也促进了人际交流，对社会主义和谐社会建设具有重要意义。

（二）我国群众体育发展中存在的主要问题

1. 群众体育发展水平较低，与竞技体育相比发展滞后

我国体育事业发展的体制主要是举国体制，在这一体制下集中全国上下的力量优先推动竞技体育发展，当竞技体育发展到一定水平后，再借助竞技体育之力和有关优势条件来带动群众体育发展。优先发展竞技体育的战略对我国竞技体育的快速发展起到了积极的促进作用，我国运动员在国际竞技体育大赛上取得了优异成绩就是很好的证明。竞技体育发展到一定高度后虽然也在一定程度上带动了群众体育的发展，但是群众体育的发展水平整体较低，和竞技体育相比处于落后态势。

2．公共体育设施不足与人民群众不断增长的健身需求构成了主要矛盾

当前，虽然我国政府部门积极加大投入力度来完善社会公共体育设施条件，但是随着人民生活水平的提高和健身意识的增强，大众的健身需求大幅度增长，增长速度超过了社会公共体育设施的建设速度，这就导致二者形成了一对矛盾，人民群众的健身需求得不到满足，现有体育设施条件无法支持群众体育活动的开展，导致群众体育发展受阻。

相关调查结果显示，当前我国完全免费开放的体育场馆较少，营利性体育场馆因为收费水平高而把一些收入水平一般的体育爱好者拒之门外。此外，体育场馆经营管理差、利用率低、服务水平不尽如人意，导致人们不愿为此消费。像健身公园、广场这样的公共体育运动场所也因为没有引人注目的形象，缺乏实用性而受到冷落。

3．不同区域群众体育发展不平衡

我国群众体育发展现状中参与项目丰富、参与形式多样、参与人口增多、公共体育设施服务水平提高等这些良好的现象主要出现在东部发达地区，中西部地区这些现象虽然也有所好转，但是不及东部地区进步快和进步显著。东、中、西部三个地区群众体育发展的差距主要体现在体育场地设施条件、体育指导员数量、体育消费水平、社会体育组织的数量等方面。明显的区域差异制约了我国群众体育的平衡发展和整体提高。

4．社会体育指导员专业素质较低

当前，我国社会体育指导员队伍随着社会经济的不断发展和我国体育事业的蒸蒸日上而逐渐壮大起来，但是和我国体育人口数量相比，社会体育指导员的数量远远不够，大部分体育人口对体育指导的需求还无法得到满足。除了社会体育指导员和体育人口数量的比例悬殊外，体育指导员队伍的整体水平也无法满足当前的社会需求，具体可以从以下几个方面来说明。

（1）社会体育指导员专业知识储备不多，专业素质不足，综合素质也不容乐观，在运动康复和运动处方方面无法对人民群众进行有价值的指导。

（2）对社会体育指导员的培训机制有待进一步完善，现行培训机制存

在的问题是培训时间短，考核不严谨，受训者无法在有限的时间内掌握大量的培训内容，虽然考核过关，但是缺乏实践引用，这也造成社会体育指导员虽然持证上岗但是专业素质却难以达到要求。

（3）社会体育指导员培训与考核偏向于理论部分，所以很多体育指导员虽然知道丰富的体育理论指导，但是在实践指导方面缺乏技巧和技能，无法真正发挥自己的实践指导价值。

体育指导员队伍业务能力不精、专业素质不高直接制约了群众体育活动的健康有序开展，人们在锻炼中因得不到专业指导而时常出现意外损伤事故，而且因为缺乏科学有效的指导而导致健身锻炼效果差。

5. 群众体育组织化程度较低，缺乏系统性

群众体育的发展离不开社会体育组织这个重要载体。当前，自发性体育组织在我国社会体育组织中占很大的比例，这是人们自发形成的一类体育组织，组织成员有共同的体育爱好，他们共同参与体育活动实践，活动组织比较随意。非正式的自发性体育组织的结构比较松散，自我管理方面也不够严格，组织的体育活动以休闲娱乐、健身、交流为主要目的。虽然这种组织形式比较自由，但是时间和空间等因素会对其发展造成限制，所以活动范围有局限。群众体育组织化程度低制约了群众体育的发展，而且也不利于传播体育文化。

第三节　体育文化的发展现状

一、体育文化的现状

体育运动对人类社会产生了非常重要的影响，这一影响渗透进社会的各个领域和方面。体育运动逐步建立和形成了相对完善和丰富的文化体系，成为推动社会发展的重要力量。在当今社会背景下，体育文化呈现出良好的发展态势。下面重点分析一下体育文化的发展现状。

（一）体育产业成为国民经济新的增长点和社会消费热点

伴随着生活水平的不断提高，人们的消费观念也发生了极大的转变，消费质量不断提升，在这一情况下，人们的体育需求越来越多样化。发展到现在，体育消费可以说已逐渐成为人们的重要消费形式之一。体育产业也因此获得了快速的发展，如体育表演、健身娱乐等体育产业得到快速的发展。体育产业成为国民经济新的增长点和社会消费热点，说明了体育在经济和社会发展中的重要地位和作用。

（二）体育设施建设逐步向社区渗透

随着社区居民对体育活动需求的增加，社区内体育设施的数量也在逐渐增加。这些设施包括各种类型的运动场地、健身房、游泳池、瑜伽馆等，以满足不同年龄段和不同兴趣的居民的需求。除了数量的增加，社区体育设施的种类也在逐渐多样化。

体育设施向社区渗透的另一个表现是便利性的提高。以前，居民可能需要到较远的体育馆或健身房才能进行锻炼，但现在，随着社区体育设施的增加和多样化，居民可以在自己居住的社区内方便地进行各种体育活动，节省了时间和精力。

（三）体育逐步成为提高人们生活质量的重要手段

伴随着现代社会的变革与发展，人们的生活方式也悄然发生了一些变化，人们在温饱得到满足的情况下，开始追求生活的质量。虽然现代社会高科技的利用给人们带来了诸多便利，但也带来了一系列"文明病"，如心脏病、高血压等，这严重影响到人们的身心健康。在这样的背景下，体育健身成为人们增强体质、丰富精神文化生活的重要途径和手段，体育运动这一方式在人们的日常生活与发展中扮演着越来越重要的角色，体育逐渐成为提高人们生活质量的重要方式和手段。

（四）群众体育组织程度将会越来越高

发展到现在，群众体育组织形式越来越重要，它逐渐成为人们参与体育活动的重要内容和形式。家庭是社会的细胞，同时也是体育活动最基本的单位，而社区的不断发展也离不开这两个层面。伴随着时代的不断发展，家庭与社区体育组织的结合成为社会体育组织的主流，目前各种群众体育组织的涌现，对于我国体育事业的发展具有重要的推动作用。

二、体育文化的发展

（一）多元化与包容性增强

随着全球化的迅猛推进与社会的持续进步，体育文化正日益显现出其多元化与包容性的鲜明特点。这一趋势不仅彰显了体育的内在魅力，也反映了当代社会对于文化交流与融合的渴望。

不同地域、民族的体育文化，在这一时代背景下，开始跨越国界、族群，进行广泛的交流与融合。从东亚的武术、瑜伽，到西方的橄榄球、棒球，再到南美的足球、桑巴舞，这些各具特色的体育项目在交流中相互借鉴、融合，共同构建了一个五彩斑斓的体育文化世界。同时，这种多元化不仅限于体育项目的多样性，更延伸至参与人群的广泛性。如今，无论性别、年龄、社会地位，越来越多的人被吸引到体育的大家庭中。他们或是为了锻炼身体，或是为了寻求乐趣，或是为了挑战自我，但都在体育活动中找到了属于自己的位置。这种广泛的参与性，无疑为体育文化注入了更为丰富的内涵和活力。

（二）科技融合与创新驱动

科技的日新月异，特别是智能化、大数据和云计算等尖端技术的迅猛发展，为体育文化领域带来了翻天覆地的变化。这些技术的引入和应用，不仅提升了体育训练和比赛的科学性，更实现了效率与准确性的质的飞跃。

智能化技术的广泛运用，使得运动员的训练和比赛过程更加精细化、个性化。通过智能传感器、可穿戴设备等高科技产品，教练团队能够实时监控运动员的生理指标、运动状态，甚至心理变化。这些数据为教练团队提供了宝贵的参考，使他们能够根据运动员的实时状态进行训练计划的微调，从而达到最佳的训练效果。

大数据技术的引入，更是将体育训练和比赛的数据分析推向了一个新的高度。通过收集和分析海量的训练数据、比赛数据，运动员和教练团队可以更加深入地了解运动员的强项与弱点，发现潜在的提升空间，并制定更具针对性的训练计划。这种数据驱动的训练模式，不仅提高了训练的效率和效果，也为运动员在比赛中取得优异成绩奠定了坚实的基础。

云计算技术的普及，使得数据的存储、处理和分享变得更加便捷。通过云端平台，教练团队可以随时随地访问和分析运动员的训练数据，及时调整训练策略。同时，运动员也可以利用这些数据进行自我反思和改进，实现自我提升。

科技不仅优化了体育训练和比赛的过程，还极大地丰富了体育文化的表现形式和传播途径。例如，虚拟现实（VR）技术的引入，为观众带来了前所未有的观赛体验。通过佩戴 VR 设备，观众可以仿佛置身于比赛现场，感受到比赛的紧张氛围和运动员的拼搏精神。这种沉浸式的观赛方式，不仅增强了观众的参与感和代入感，也进一步推动了体育文化的传播和普及。

（三）健康与休闲理念的普及

随着现代生活品质的持续提升，人们对健康的向往和对休闲的追求已经变得越来越明显。这种社会风气的转变，不仅仅体现在个体的生活习惯上，更在宏观层面对体育文化的发展产生了深远的影响。健康与休闲的双重理念，如今已经逐渐演变成了推动体育文化前行的主导力量。人们参与体育活动的动机开始变得多元化。不再只是为了一较高下、争夺锦标，更多的人开始将体育活动视为一种生活方式，一种对身心健康的投资，同时也是一种远离日常烦恼、放松心情的有效途径。无论是城市的公园里早晨的慢跑者，还是瑜伽馆中专注于呼吸和体式的练习者，或是在山间小径上徒步的驴友，他们都以自己的方式诠释着对健康与休闲的追求。这种从竞技向健康与休闲的转变，不仅让体育文化更加接地气，也让其更具包容性和多样性。体育活动不再只是专业运动员的专属，而是变成了每个人都可以参与和享受的全民活动。

体育文化的这种转型也为市场带来了巨大的商业机会。体育旅游开始兴起，人们愿意为了一次独特的户外体验或是一场精彩的体育赛事而远行；户外运动装备的市场需求也持续增长，从专业的跑鞋到轻便的户外帐篷，各种产品应运而生；而健康食品更是成为了现代人餐桌上的新宠，无论是蛋白粉、维生素片还是各种有机食品，都受到了消费者的热烈追捧。这些相关产业的发展，不仅为体育文化注入了新的活力，也让其更加丰富多彩。它们不仅满足了人们对健康与休闲的需求，更在某种程度上推动了体育文化的创新和进步。

（四）竞技体育与群众体育的协同发展

竞技体育与群众体育，作为体育文化的核心要素，各自承载着不同的使命与意义。在过去很长一段时间里，竞技体育因其激烈的竞技性、高水平的技能和广泛的观赏性而备受瞩目。奥运会、世锦赛等重大赛事吸引了全球数亿人的关注，竞技体育明星也因此成为公众瞩目的焦点。然而，随着社会的发展和人们生活水平的提高，群众体育逐渐从幕后走到台前，受到了越来越多的关注和重视。群众体育强调的是参与性、健康性和娱乐性，它鼓励每一个人都能参与到体育活动中来，享受运动带来的乐趣，提升身心健康。

　　竞技体育与群众体育并不是相互独立的两个领域，而是可以相互促进、协同发展的。未来，这两者之间的联系将更加紧密，形成一个有机的整体。通过举办群众性的体育赛事和活动，如社区运动会、校园体育比赛等，不仅可以激发更多人对体育的兴趣和热情，还能在参与过程中发现和培养潜在的体育人才。这些人才在经过系统的训练和培养后，有可能成为竞技体育领域的新星，为国家争光，为体育事业贡献力量。竞技体育的成功也可以反过来激励更多的人参与到群众体育中来。当人们在观看高水平竞技体育比赛时，往往会被运动员的精神风貌和高超技艺所感染，进而产生亲身参与体育活动的冲动。这种冲动转化为实际行动后，将极大地推动群众体育的发展。

　　竞技体育与群众体育的协同发展是未来体育文化发展的必然趋势。通过加强两者之间的联系与互动，我们可以期待一个更加健康、活跃和多元的体育文化新时代的到来。

第四章　现代视野下体育文化的社会化发展

本章就从家庭体育、学校教育、社区体育和其他社会体育文化的角度来对体育文化建设的延伸与拓展进行研究。

第一节　家庭体育文化及其发展

一、家庭体育文化的特征

家庭的特征主要是从家庭的结构和家庭生命周期两个方面来体现的，家庭结构简单来讲就是指家庭的构成。而家庭生命周期反映的则是一个家庭从形成到解体呈循环运动过程的范畴。通过这两个方面，家庭体育文化的特征具体体现在以下几点。

（一）普遍性与群众性

人们在闲暇时间内，参与体育活动的一个重要选择就是家庭体育。在对我国全面健身体系进行构建的过程中，家庭体育文化所发挥的作用极大，它能够将自身独特的优势发挥出来，动员所有家庭成员，最终实现每家每户参与到全面健身活动中，其他体育形式无法达到这样的广泛性。健身活动与亲情力量的融合在家庭体育中特别明显，因此家庭体育这一体育形式表现出强烈的亲和力。在当今社会，人们越来越重视健康运动，而家庭体育无疑成为一种最重要的手段和方法，最具普遍性和群众性。

（二）内容丰富、形式灵活

家庭体育是人们日常生活中的一种活动，家庭成员可以在余暇时间自由进行锻炼，自我欣赏，其内容多姿多样、丰富多彩。常见的家庭体育活动内容主要有晨练，晚间散步，休息日户外活动、各类运动项目的健身活动和健身游戏，老年人的广场舞，儿童的体育游戏等，可见家庭体育文化的内容是丰富多彩的。

家庭体育是一种群众性体育行为，是以家庭为单位的，因此家庭体育活动对每个家庭而言都能够独立举办，可见家庭体育的独立性与自主性较强。家庭成员能够对自身的业余时间充分加以利用，以科学合理的体育运动方式，有目的、有计划地对其他家庭成员都感兴趣的或都擅长的体育活动进行参与，促进家庭成员闲暇生活的丰富，使家庭成员的体育需求得到满足。

（三）时间自由

家庭体育是一种比较自由的体育活动形式，这种自由主要表现在时间选择的灵活性上。家庭体育可以选择在余暇中任何时间来进行，完全受家庭以及个人的自由支配。例如，一个家庭的体育活动既可以利用节假日休息的时间来进行，又可以在每天下班的时间安排一些比较简单、利于放松的体育活动。

（四）场地随意

家庭体育的开展对场地与器材没有很高的要求，因此场地器材对其限制很少，可见其随意性很强。庭院、家庭周围空地、野外等任何场所都可以举办家庭体育活动，从而使公共体育场地设施的不足得以弥补。例如，锻炼者能够因地制宜地举办家庭活动，将自己家里的庭院和周围的空地充分利用起来，这样不但能够健身，而且能够使体育锻炼场地缺乏的问题得以解决，而且对社区体育活动的开展也较为有利，对我国全民健身具有良好的影响和作用。

二、家庭体育文化的功能

（一）一般功能

家庭体育的一般功能主要包括个体功能和社会功能两个方面。

1. 个体功能

家庭体育的个体功能主要表现在以下几点：①强身健体；②提高生活

质量；③促进智力发展。从事家庭体育活动既可以增强人的体质，奠定人的智力发展的良好物质基础，同时还可以在体育锻炼的过程中磨炼人的意志，有利于优良的意志品质的养成；④培养人良好道德品质。

2．社会功能

家庭体育的社会功能主要表现在以下几点：①增强社会凝聚力；②有助于社会物质文明与精神文明建设；③能够更好地促进社会的和谐发展。

（二）特殊功能

家庭体育的特殊功能表现在以下几个方面：①能够形成健康的生活方式；②丰富人们业余生活的内容；③有利于家庭的和睦；④有利于推动全民健身，促进终身体育的发展。

三、家庭体育文化的建设现状

（一）家庭体育人口结构与体育设施现状

体育人口是指在一定时期一定地域里，经常从事身体锻炼与娱乐，接受体育教育，参加运动竞赛，以及其他与体育事业有密切关系的具有统计意义的一种社会群体。体育人口是衡量一个国家社会经济发展和社会体育发展水平的重要指标。

尽管我国体育的体育人口数量在不断增加，但是经常参加锻炼的人数与国外相比却远远不及，我国还有待加强对体育锻炼的宣传，促进体育人口的增加。

家庭体育人口与个人经济收入并没有固定的关系，其与家庭收入有关，且基本成正比关系，也就是说收入越高，体育人口就越多。家庭在体育人口的分布上，三口或四口的核心家庭，体育人口分布最多。

随着广大人民群众对体育健身需求的日益增长，与之相应的则是体育设施的改善。近年来，我国体育场地与设施都在不断增加，社会体育指导员的规模也日益壮大，这些都说明，家庭体育人口和体育设施的发展状况在一定程度上反映了我国家庭体育的普及情况。

（二）家庭体育的项目选择现状

家庭体育运动项目是家庭体育锻炼的主要内容，它是人们进行身体锻炼和身体娱乐的手段，可以反映出人们运动行为的选择倾向。改革开放以来，随着社会经济的发展，在主旋律基础上的多元化文化选择，不仅影响着人们的思想观念和行为方式，同时也影响着人们的体育活动，使之在家庭运动项目的选择上呈现出传统与现代并举、健身与娱乐同行、商贸旅游与体育联姻的新局面。

家庭体育在项目的选择上受到多方面的影响，如不同地域、不同气候，不同的民族和文化传统、不同的经济发展水平等。一般来说，南方和北方不同、少数民族与汉族不同、落后地区与发达地区不同。但是总体上来看，我国家庭体育活动内容还是相当的广泛，几乎囊括了所有的体育及休闲项目。

从具体项目的选择上来看，我国家庭体育的活动内容呈现出多样化的发展现状。乒乓球、羽毛球、网球等小球类以及田径类等是我国居民从事家庭体育活动的主要内容。这是因为乒乓球、羽毛球等小球类项目所需场地要求不高且方便，田径类的项目不需要很大的经济投资，而且不需要专用场地，既方便又实惠。

从项目性质上来看，家庭体育的主要内容也多样化，主要包括休闲与观赏活动，户外体育与娱乐活动，肌肉的力量性锻炼方法，有氧运动的耐力性锻炼方法，伸展运动的灵巧性锻炼方法，医疗体育及运动处方，营养保健与心理卫生知识，家庭健身器械等。

（三）家庭体育活动时间与空间现状

一般来说，家庭体育的活动时间都是在余暇时间进行的，因此余暇时间是人们参与家庭体育活动的保证。家庭体育锻炼与工作压力大，生活节奏快有一定的关系。

家庭体育的活动空间主要指家庭成员进行各种体育活动时所占据的空间位置和必不可少的活动场所。体育活动的空间分为自然空间和人造空间。自然空间包括山川、江河湖海、高空等，而人造空间则主要包括家庭居室以及体育场馆设施和公园广场等。受经济条件的制约，我国公共体育设施、人均体育场馆占地面积相对较小。家庭成员进行体育活动主要是在自家的居室周围和体育场馆中进行。

随着我国双休日以及节假日制度的实行，家庭体育开始由人造空间走向自然空间，户外体育运动成为人们生活消遣的一种方式。高山、湖海、草原、丛林等成为人们户外运动的首选。

（四）家庭体育形式现状

任何集体性质的活动都需要一种组织，同样体育活动也需要对参与者进行组织。作为一个社会机构或国家机构，这种组织是需要对人力、物力、财力等方面做出投入的；而家庭能随时根据不同情况和需要组织家庭成员进行体育活动。

家庭内的体育组织形式与家庭的结构有一定的关系。通常情况下，三/四口之家的核心家庭多是全家一起去活动；单亲家庭成员多是父（母）和子（女）一起活动。除此之外，在家庭与外部的联系中，与同事、朋友一起活动最多。

人们在日常家庭生活中与家庭成员接触多，关系密切，这为体育进入家庭创造了良好的内部条件。人们在生活中渴望与家人一起活动，但在具体的体育实践中却存在着诸多因素导致家庭成员不能如自己所期望的那样在一起活动，这些因素主要有社会因素、家庭因素、个人因素等。所以，总体来看，首先个人在从事体育活动中占据很大的比重；其次是和朋友、同事一起活动；最后才是和家人一起活动。

四、家庭体育文化的建设路径

（一）培养学生的体育爱好

家庭不仅是学生的第一个教育环境，也是伴随学校教育的另外一个教育环境。在入学前，学生在家庭的教育环境中成长，学生入学以后还是家庭的成员，仍然没有脱离家庭的教育环境。家庭生活的一点一滴对学生的个性发展、兴趣爱好的形成起着关键性作用，其对体育兴趣的培养也不例外。首先，家庭具有体育锻炼的物质条件，如计算机、电视、报刊，这些是体育信息资源的主要来源。其次，具有各种运动器材，如篮球、排球、羽毛球、足球、象棋、围棋、飞镖、滑冰鞋、滑板、跳绳等。当然，根据不同家庭的经济条件、体育兴趣爱好，这些运动设施的数量、种类是不尽相同的。最后，家庭具有体育技术指导者——父母，学生在没有入学前，父母是学生最早的"体育教师"，和校园体育文化一样，父母在家庭体育文化建设中起到主导作用。在学校，使用过这些设备和受过相关体育技术训练的学生，比没有接触过体育的学生更容易进入学习状态，并且能够很好地掌握学习内容。毋庸置疑，家庭体育文化对校园体育文化建设起到了基础性作用。

（二）加强家庭体育文化意识培养

有许多家长对孩子的教育"重文轻武"，只注重孩子的文化成绩的好坏，而对孩子是否参加体育活动漠不关心，这对孩子的健康成长是非常不利的，因此，要加强家庭体育文化意识培养。首先，要在家庭确立"健康第一"的思想，这与学校体育教育实现对学生运动参与、运动技能、身体健康、心理健康的"健康第一"指导思想是统一的。其次，学校与家庭互动，加强交流。学校可以以调查表的形式了解孩子在家的锻炼情况，根据调查结果向家长介绍一些孩子锻炼的方法，同时组织家长观看学校的体育活动，邀请家长参加学校组织的交流活动，学校与家长保持积极的交流，鼓励家长为学校体育文化建设出点子、想办法，建立学生家庭体育活动档案，督促学生长期有规律地进行体育锻炼。

（三）创设家庭体育文化氛围

现在的许多家长肯为家庭购买运动器材，却对孩子参加体育锻炼不够重视。失去了家长的督促、鼓励和协助，孩子参加体育锻炼的积极性肯定不高。因此，为了使自己身体健康，为了给孩子树立良好的榜样，首先，家长应该积极参加体育锻炼，营造家庭体育文化氛围。其次，家长应该鼓励孩子进行体育锻炼。一个浓厚的家庭体育文化氛围不仅有利于家庭的和睦交流，也有利于学生对体育爱好的形成。

第二节　学校体育文化建设与创新

一、校园体育文化建设的主要原则

校园体育文化是学校文化体系中的组成部分，因此重视学校体育文化建设，对于推进学校文化建设工作的全面发展具有重要意义。在校园体育文化建设过程中，需要遵循一定的原则，保证校园体育文化建设的正确方向。具体来说，应该遵循的基本原则主要有以下方面。

（一）与时俱进原则

时代不同，时代特征和时代烙印也各有不同，其中的不同之处最能够从当地的文化形态方面得到体现。一个时代的文化形态，无论是提及内在含义还是外在的表现都必须与社会的发展步调一致，相互契合。因此，随着社会经济的发展和文化形态的变化，人们对体育的要求也在不断地发生变化。目前，全国掀起了一股全民运动的热潮，此种浪潮也激发了人们对体育文化精神的追捧和期待。所以，在这样的大环境之下，我国的体育文化必须发生改变和创新，改变要与社会同步，与经济发展一致，与文化发展的方向协调，体现与时俱进的特征。

（二）协调性原则

校园体育文化的建设是一项综合性、系统性较强的工程，文化建设会涉及多个方面的内容，如课堂教育与非课堂教育之间的关系、硬件设施和软件设施之间的关系等，在文化建设中需要协调发展上述因素。硬件和软件设施的建设过程中，涉及的内容有场地、师资、体育制度、精神和观念等，这些都需要把硬件和软件两方面的内容协调一致，融入校园文化建设中去。

二、校园体育文化建设的基本要求

在进行校园体育文化建设时，仅仅遵循基本原则是不够的，还要做好相应的基本工作，保证校园体育文化建设的顺利实施。

（一）具备实用性和安全性

在学校的环境之中，无论是体育场地还是体育设施都非常有限。因此在校园体育文化建设的过程中就需要把上述问题考虑其中，尽可能地满足学生的发展需求，学校在保障学生能够进行体育锻炼的同时还需要在规定的时间内检查和修整体育器材等，从而有效地保障学生参加体育活动的安全性。

（二）保证健康性和娱乐性

校园体育文化建设，一方面是指要加强学生的体能训练，提高学生的身体素质，帮助学生树立"健康第一"的体育观念；另一方面培养学生的体育意识，帮助学生树立正确的世界观、人生观、价值观，借助学校对体育文化的大力宣传，把体育精神渗透在学生的生活中。

为了应对考试，大部分的校园生活都枯燥无味，学生在这种学习环境中，无论是心理还是精神方面都会受到影响，长此下去必定会对学生的身心发展状况产生不良影响。因此，在进行校园体育文化建设时可以举办多种多样的体育活动，丰富学生的学习生活，满足学生的精神文化需求，让学生在温暖健康的环境中快乐成长。

三、校园体育文化建设的模式创新

校园体育文化的创新和发展在很大程度上依赖于体育文化模式的创新和发展。校园体育文化需要按照一定的模式发展，可以从以下几个方面规划和制定校园文化发展模式。

（一）文化主体的需要与社会需要的关系相协调

校园体育文化建设的主体和社会需要所处的环境、表现方式和主体特征等方面存在很大的不同，需要协调二者之间的关系，让二者各司其职，明确彼此在校园文化建设中的地位。

从校园文化的发展来看，校园文化建设主体有自身的优势之处，合适的文化建设主体可以发挥自身的主观能动性，为校园文化建设的长久、稳定、健康发展奠定坚实的基础，从而能够创建健康发展、井然有序的校园文化建设机制。

校园文化主体作为推动校园文化建设的重要组成部分，在校园文化建设方面发挥着不可替代的促进和推动作用，同时也应重视社会需要对校园文化的建设和完善作用。因此，在校园文化建设中需要将建设主体和社会需求结合起来，从根本上提高学生的学习体育精神的自觉性和主动性，为进一步发展体育文化提供条件。

如何在学校内开展校园文化建设活动呢？可以从以下几个方面展开，分别是：了解学生的身心发展特点，教师与学生之间及时地沟通和交流，教师对学生提出的需求要给予更多的关注和支持。此外，还可以把社会需求作为校园文化建设的一部分内容，并把它设置为评价校园文化建设的标准之一，从而创建有序、良好、健康的校园体育文化建设机制。

（二）外部性干预与主体主观能动作用相协调

要有机协调外部性干预与主体主观能动作用两者之间的关系，可以从以下两个方面着手。

1. 保持开放的态度

校园体育文化的建设，需要充分发挥校园文化建设主体的作用，积极有力的校园文化主体能够在某种程度上提高学习者的主动性和自觉性，还可以促进校园文化的发展，这样可以提高校园体育文化建设的工作效率和工作质量。因此，可以在校园文化建设的过程中适时地引入外部干预机制，促使校园文化与外部干预有效地结合，为校园文化注入新的生机与活力，促进校园体育文化建设主体之间的统一，加固文化建设机制，提高文化建设主体的主观能动性。

校园文化的形成要保持积极开放的态度，将外部的文化内容与校园文化结合起来。有时外部干预机制与校园文化难以融合，彼此很难适应，因此将外部干预机制与校园文化结合就需要做到以下两方面：一方面是校园文化的学习主体要多多学习科学文化知识，提高学习者的科学文化素养和思想道德修养，从而有效地提高学习者的主动性和自觉性；另一方面可以将校园文化与社会发展的需求相结合，对于外部文化秉承"取其精华，去其糟粕"的态度去学习，从而可以将校园文化与社会发展有效地结合起来。

2. 发挥市场调节作用

在我国的社会主义发展过程中，始终坚持社会主义市场经济，随着中国特色社会主义道路的确定、贯彻和实行，各高校的人才培养内容也逐渐地把市场经济发挥的作用纳入其中，以市场的需求为导向，针对性地为国家和社会培养更多的人才。

如果在发挥市场经济作用的过程中出现行政的干预，那么会影响市场的调节作用，不利于市场经济的发展。因此政府在发挥自身的行政功能时，需要充分考虑市场机制的调节作用和对人才的需求，尽力为发挥市场的调节作用，培养更多的优秀人才提供条件。

第三节　社区体育文化及其发展

一、体育与社区文化的关系

随着城市的不断发展，社区文化建设受到了人们的一致关注和了解，也逐步成为社会体育的主要组成形式。体育文化是社区文化的重要组成部分，有着非常大的象征意义，并且当前我国非常重视和谐社区的建设，因此社区文化中的体育文化越来越受到重视。当前，很多体育学者从不同的角度来对社区体育文化进行了解，并将社区文化建设与新时期的体育发展联系在一起。因此，人们也应对社区体育与社会经济、文化的发展进行分析和探索，并深入了解如何促进社区体育文化建设，分析增强社区居民的身体素质、社区体育与社会主义精神文明建设的关系、社区体育和体育文化素养，并对新时期体育发展的本质要求和社会化、产业化发展道路进行探索。

（一）体育在社区文化中的作用和功能

1. 整合导向功能

社区整合，主要是指整个社区中的所有趋势，都有一种共同的取向，人们在其中有一种参与感、认同感，并且社区中的每种互相依赖关系，都能够突破文化、经济、地域的阻碍，在社会中发生非常重要的作用，共同为构建和谐社区而做出努力。社区整合主要包括四个方面，即文化整合、规范整合、参与整合和功能整合。由于当前社区中居民的构成比较复杂，人们的生长背景、家庭环境、文化背景、工作环境、生活方式、风俗习惯，都有着明显的区别，使得人与人之间有着一定的沟壑。如果缺乏有效的沟通方式，将使得社区中居民的界限非常明显，无法进行有效的互动和沟通。而在社区中以体育活动为载体，能够充分发挥体育运动的作用，让人们的价值观、文化等进行整合，从而能够有效对社区中的矛盾和冲突进行调整，使得人们能够通过体育活动找到自己在社区中的位置，并且能够在社区中找到自己和群体之间的互动准则，从而能够使得社区关系更加融洽，使社区中的居民都能够按照同样的行为模式和轨道来进行活动，从而能够使文明得以延续和发展，体现社区体育文化的整合功能。

2. 心理凝聚功能

心理凝聚，是指在社会系统中，通过心理的力量，能够将每个个体凝聚起来，使其成为一个整体。这种心理凝聚的力量，并不是一种生物的力量，是超越了生理力量的一种黏合剂。社区体育文化就是这样的一种黏合剂，能够用微妙的方式，来对人们的思想感情进行沟通，从而能够使人们的生活方式和道德情操得以沟通和延续，使得人们的群体意识得以激发，最终使得人们的心理能够凝聚在一起。并且，随着城市化进程的逐步推进，城市规模不断扩张，人们的生活空间也不断增大，越来越多的人选择走出社区，走入更加广阔的空间中来进行活动。在社区中开展体育健身活动和体育娱乐活动，能够将人们紧闭的心门打开，使得人们能够融合在社区这一个群体中，从而使得人们的情感有了能够依附的存在。因此，社区体育文化的这种心理凝聚功能，能够更好地对社区氛围进行融合。

3. 社会沟通功能

社区体育，不仅仅具备促进人际交往的功能，还能够促进社区与社区、社区与社会之间的沟通和交流。社区体育是社区居民间相互联络、增进感情、加深了解、沟通关系的纽带和桥梁。不过，自从信息技术得到了发展，人们之间的互动大部分通过网络来进行，足不出户就能够解决生活中的大部分问题。不过这种方式使得人们在进行社区生活体验的时候，一般是被动的，使得人们无法与大自然、与外界进行联系，从而人际关系也不断淡化，社会交往逐步减少。通过各种丰富体育活动的开展，能够让社区与社区之间进行融合，人们能够走出室内，走入室外，使得人们的交往空间得以加大，从而能够创造一种更加融洽的氛围，使得人与人之间、社区与社区之间、社区与社会之间的联系更加紧密。

4. 行为规范功能

社区文化体现在社区居民的价值取向、道德评价与感情色彩中，它一且产生并被社区居民认同，便会对社区居民产生影响，规范他们的行为，这种约束机制和力量来自社区体育文化本身。因为社区体育文化一经形成，就具有一种"体育文化定式"，使人们自然而然地按照一定的行为模式去思维和行动，而有悖于这一行为模式的思维和行为就会与此格格不入。以社区体育文化建设促进社区和谐发展的目的，在于减少对居民的外在约束，增强居民自我约束、自我控制的能力。这种规范功能所涵盖的范围有些是法律约束所难以达到和不可替代的。

5. 协调发展功能

改革是对社会各个层面利益的调整，必然会引发一些新的社会矛盾，而社区往往是这类矛盾和摩擦相对集中的地方。社区体育的调节作用，可以使这些矛盾得到缓解，以实现保持社会稳定、促进社会和谐的目的。社区体育的调节作用强调的是人的自觉调节和自我调节。社区体育要求社区体育管理者尊重人、关心人、爱护人，协调好各方关系，通过丰富多彩的文化娱乐活动和深入细致的思想政治工作，沟通社区管理者与居民之间、居民与居民之间的感情，缓解或消除各种矛盾和不利因素，形成和谐的人际关系。

（二）社区文化对于体育的促进作用

1. 城市社区文化的复合形态促进社区体育向小型化形式发展

城市社区文化由原来的初级形态逐渐向复合形态发展，即城市社区文化的发展模式由政府推动为主向着由市场推动为主、政府推动为辅的方向发展。市场力量的发展和现代技术文明的发展，使广大人民群众获得更多的自由支配性收入与自由支配性时间，扩大了自由活动空间。市场的力量打破了国家对社会生活的全面垄断，也使个人和社会各种力量有可能进入过去由身份制、单位制、行政制等体制所控制与管理的空间，如文化、体育、艺术等过去极具敏感性的领域。

特别是近几年来，城市化进程的加快和城市的大规模开发，城市的社区景观文化有了质的改变。在这种情况下，出现了两个较为突出的现象：一是居民生活的小区化现象和随之产生的一系列小区生活服务配套问题；二是社区精神文明建设采用以建设文明小区为重点的工作路线，以小区为单位的精神文明正在深入，强化了小区文化和小区组织结构。为了适应社区发展的需要，社区体育组织结构也将从街道向小区层次转化。

2. 社区文化活动组织形式的改变促进小区体育组织结构的变革

社区是个地域性的小社会，由于社区居民的个人经历、文化教养、情趣爱好各不相同，其审美格调也不一致。非组织化的文化活动很可能造成格调低下的结局，组织化的社区文化活动能够抑制自由放任式发展，引导它提高层次，但过度组织化的文化活动会造成社区文化本质属性的丧失。同时，行政组织化的社区文化活动也有一个经费的限制问题。政府部门组织社区文化体育活动受到限制。这种发展模式相对忽视了城市社区自治组织的建设，使得社区文化建设的发展步伐相对缓慢而且难以适应新形势的发展需要。社区体育涵盖在社区文化之中，鉴于这种形势下，社区体育的发展也不再完全依靠政府，而是更多地动员社会各方面的力量，促进社会体育事业的发展。同样，小区体育行政管理机构使过去的包办体育向主管体育发展，逐步将主办权转给小区体育组织，突出小区体育组织在开展小区体育运动中的主导作用。小区体育组织利用小区内体育资源、依靠组织成员的力量、自我经营、自我管理、自我服务，加快体育社会化的进程，全面实现全民健身计划的目标。

3. 信息化对小区体育建设起到促进作用

随着互联网技术的发展，信息化正在走进城市社区、进入千家万户。社区体育与网络日趋密切的关系，不仅使社区群体的体育生活方式发生深刻的变化，而且为社区体育建设提供了巨大的发展空间和平台，在促进社区体育文化创建活动中也发挥着重要的作用。当前有许多小区已经实行信息化管理，其中有很大一部分小区已经建立了自己的网站，在服务小区体育建设中起到了积极的作用，并使小区居民与网络的关系日趋密切，生活方式正在发生潜在的变化。居民在小区信息化建设中表现出较强的参与意识，网络文化在一定程度上改变着小区居民的生活方式，而体育文化作为网络文化的重要组成部分已经随着信息和互联网在小区群体中的深入，成为小区居民闲暇生活中的一个重要选择和主流趋势，成为生活中不可缺少的组成部分。

二、社区体育文化的结构、特征与功能分析

（一）社区体育文化的结构

社区体育文化产生于社区这一特定环境中，它是人在体育实践中创造的精神财富和物质财富的总和。作为社区文化的亚文化，社区体育文化就是社区居民的体育生活方式，有着极其丰富的内涵和外延。从这个意义上讲，可以将社区体育文化定义为：社区居民通过参与体育活动，并在体育活动中创造的能够体现居民价值观的体育意识、体育态度和体育方式的总和。

1. 社区体育文化的物质文化层

社区居民通过体育活动改造的自然环境和在体育活动中创造的一切物质财富，都属于社区体育文化的物质文化层，它包括社区的体育文化设施、体育活动场所、居民的各种健身用品、运动装备等，其特点是可被人感知，是物质实体。特别是《全民健身计划纲要》实施以来，在政府的大力支持下，一些先进、科学、简便、实用的健身仪器进入社区，极大地提高了社区人民锻炼的主动性、自觉性和积极性，形成了具有中国特色的健身路径，极大地促进和推动了社区体育以及社区体育文化的发展。

2. 社区体育文化的制度文化层

人类为了服务自己，又约束自身，在创造物质财富的同时，也建立起了各种社会规范，这些社会规范隶属于文化的制度文化层面。社区体育文化的制度文化是在社区体育活动中建立起来的一系列的制度规范，如组织制度、组织原则、运动方法、使用说明、行为规范等，其中既包括社区居民在体育活动中必须遵循的、行之有效的规章制度，也包括能够体现当地特色的体育风俗习惯等，是社区体育价值的外在体现。

3. 社区体育文化的行为文化层

行为文化是人们在日常生产生活中表现出来的特定行为方式和行为结果的积淀，这种行为方式是人们的所作所为的具体表现，体现着人们的价值观念取向，受制度的约束和导向。行为文化在时间上是传承的，在空间

上是散播的，它集中反映了居民从事体育实践的模式和方式。关于社区体育文化的研究和探索，就是体育文化行为文化的体现。

4. 社区体育文化的心态文化层

如果站在心理学的角度来审视社区体育文化这一特殊的现象，居民在体育实践中培养、形成的价值观、审美观、生活态度、伦理道德等，可以把它们归为社区体育文化的心态文化层面，它是社区体育文化的最核心部分，也是社区体育文化的最活跃因素。因为它植根于社区居民的内心，影响着社区居民体育生活的形成和发展，决定着社区体育文化的其他三个层面。

以上几个层面，各具特点，又相辅相成，不可分割，共同构成了社区体育文化的全部，又影响着社区体育文化的发展。

（二）社区体育文化的特征

1. 共享性和公益性

社区体育是社区服务的组成部分。社区服务是面向居民的便民利民服务，面向社区的公益性服务。社区体育要求面向全体社区成员，仅仅依靠政府不能满足人民群众的多层次、多样化的需求，要通过多方渠道获得所缺失的体育物品，以不断满足居民对体育的需求。社区体育文化由社区居民创造，同时社区居民也是社区体育文化成果的受益者和维护者。居民在体育实践中锻炼身体，愉悦身心，在体育实践中切磋与交流，在互相帮助中营造了良好的社区氛围。一般而言，社区体育活动开展好的社区，居民间的交流、互助机会越多，社区的凝聚力也越强。

2. 地域性和闲暇性

社区是一个相对独立的地域性社会，因此社区体育文化不免会受到社区所处的地理位置、居民、风俗习惯等因素的影响，并且形成具有当地特色的文化，并且这种特色会随着时间的推移和文化的积累愈加丰富和鲜明，在我国不同于地域的社区都呈现出不同特色的体育文化。社区体育不是工作和劳动，它是居民在工作、学习、生产劳动等劳作之余可以自由支配的时间里从事的一种活动，是一种休闲和放松。

3. 多样性和灵活性

社区居民的体育需求千差万别、多种多样，决定了社区体育文化的多样性和灵活性，只有因时、因地、因人而异，提供丰富多彩的体育活动形式、设施、内容，才能满足居民不同的体育需求。社区体育文化允许社区居民依据自己的喜好来选择体育文化的内容和形式，在活动过程中，将娱乐与审美融为一体。实践证明，社区体育文化的多样性和灵活性与社区的发展密切相关。

(三) 社区体育文化的功能

1. 提升居民文化素养，促进社区精神文明建设

因社区体育具有参与主体的广泛性、活动形式的多样性和活动内容的趣味性等特点，吸引着广大社区居民积极参与其中，通过体育参与，加强了之间的交流与沟通，并逐渐形成了较为一致的价值观、审美观、体育道德、体育思想和生活方式等，提高了居民整体的文化素养，形成良好的社区风气，促进了社区文化建设。加强社区体育文化建设，有利于居民建立共同意识，促进社区的繁荣稳定。因此，社区体育文化是提高居民文化素养、促进精神文明建设的有力杠杆之一。

2. 提高居民生活质量，创造良好生活方式

社区体育活动作为一种极具吸引力的有益的休闲活动，吸引了众多的居民参与其中，在一定程度上丰富了居民的业余文化生活，抵制了不健康生活内容的侵蚀，形成了科学、健康、文明的生活方式，提高了居民的生活质量。

3. 加强居民人际交往，维护社会稳定

在社区体育文化活动过程中，社区居民之间、社区内的各类体育组之间加强了相互间的联系和了解，增进了感情的交流，社区体育文化成了社区内沟通关系的纽带。当前，随着工作、生活节奏的日益加快，人际间的交往趋于淡化。而在人们工作之余，社区体育文化以其灵活性、多样性、方便性、群体性等特点，吸引社区居民自觉、主动参与其中，在一种和谐、轻松、愉快的氛围内，加强了社区居民的人际交往，同时对维护整个社会的安全、稳定也起到一定的积极作用。

三、社区体育文化发展的模式构建

（一）社区体育文化发展的小区模式

1. 社区辐射型体育组织模式

我国社区体育发展之初，社区体育的主导形式受国家体育体制发展的影响，采取的是行政管理制，社区体育发展行政管理模式的建立也是一种必然，在这种行政主导性的体育组织系统中，便于小区不同层次的体育活动能够广泛开展，同时控制活动规模，从而形成行政主导的社区体育组织，并呈现出辐射型的组织结构。该模式有着运用行政管理体系特征，在组织结构上主要表现为多层次的体育组织特征，从长期来看，随着我国住宅小区的建设和规范，以行政为主导的社区体育组织管理体制在未来必然会向着更加民主化、以社区居民为主导的方向发展。

2. 社区网络状体育组织模式

随着社区体育的不断发展，居民在社区体育中的地位越来越高，并成为社区体育组织的主要领导者，这一时期，多为民间、行政共建体育组织，构建社团主导型的体育组织系统。

在原有的社区行政主导的基础上，社区体育的体育物质基础设施不断改善，同时基层体育部门的主要职责是在社区体育的发展中给予指导和财政援助，社区组织的发展更多地依靠社区居民自建，在行政指导和居民自建的基础上，形成了网络状的组织结构。该社区体育组织模式具有采用社团组织管理体系的特征，社区行政给予人力、物力、财力支持。

3. 社区独立体育组织模式

现阶段，我国社区体育组织中，居民的组织和领导地位进一步上升，逐渐发展成为由居民自由结合而成立的社区俱乐部组织，呈现出独立型的组织结构。这一阶段，社区体育的主要任务是构建会员制俱乐部组织，自主管理，以独立经营的俱乐部模式为特征，社区行政管理的权利进一步弱化，主要从体育政策、法规角度进行宏观调控。

（二）社区体育文化发展的学区模式

1. 学区模式的特点

学区体育是现阶段面向社会开放学校体育资源，实现社会与学校体育资源共享的一种新型社区体育形式。

社区体育发展的学区模式不以行政区域为划分标准，而是围绕学校（一个或数个）为中心，向周边社区辐射，以学校为主要活动场所，以居民和学生为体育参与对象，依托学校丰富的体育资源开展丰富多彩的体育活动。

社会体育文化发展的学区模式的构建，可以实现学校和社区各种体育资源的共享，以营造良好的校园与社区体育文化氛围，二者相互促进，共同发展。

2. 学区模式的构建基础

从实际的发展现状来看，在社区体育文化发展的学区模式建立中也存在着诸多问题需要解决。例如，学校体育资源对包括社区居民的社会大众的开放，由于责、权、利不清，服务对象与管理办法不明确等，导致学校体育设施器材的使用频率大幅增加，维护难度也相应增加，同时管理上也大大增加了校方的负担。

学校体育资源、体育管理的开放，加强其与社区的联系，同社区成为一个整体。必须充分考虑学校自身教育活动的正常开展、体育资源损耗、体育运动安全以及学生安全管理等多方面的因素，只有将这些问题都合理协调地解决之后，才能促进社区体育文化发展的学区模式的顺利建立。

当前，建立社区体育文化发展的学区体育模式，必须做好以下几个方面的工作：

（1）以学校为中心进行学区范围的划分，与校方保持联系共同商议建立学区体育模式。

（2）成立学校体育设施对外开放管理委员会，以便对体育设施对外开放使用进行管理。

（3）学校联系社区通过举办各种体育辅导班来吸引社区居民的积极参与，从而提高健身水平。

（4）社区积极寻找学区体育志愿者来对学区居民的体育活动进行有机的辅导工作。

（5）学校与社区共同开展体育竞赛，制订好活动计划，在各个层次上都进行竞赛。

（6）定期举办社区青少年学生和家长协同参加的社区体育活动或竞赛，激发居民参与社区体育的热情。

（三）社区体育文化发展的俱乐部模式

1．体育俱乐部模式的特点

社区体育俱乐部发展模式的特色在于与本社区的具体实际相结合，能最大限度地充分利用本社区的体育设施资源、最大限度地调动本社区居民参与社区体育的积极性和主动性，使社区形成一个良好的体育锻炼氛围。

2．体育俱乐部模式的构建背景

随着社会经济的不断发展，现代人越来越注重健康、注重追求高质量的生活，日常健身成为现代人生活中不可缺少的一部分内容。社区体育健身逐渐不能满足人们的日常健身需要，于是更多的人开始走进健身俱乐部，去接受专业的健身指导并利用更完善的健身设施来开展健身活动，在这样的背景下，社区体育俱乐部将成为社区体育发展的主要模式之一。

第四节　其他社会体育文化的发展

一、农村体育文化

农村体育是体育文化的一个重要组成部分，它又是体育文化的亚文化。它是由人们居住的地理环境、经济生产方式和社会生活方式以及历史文化传统所决定的一种体育文化。农村体育文化是世世代代农民共同创造的一种物质和精神财富，是农民赖以生存和发展的一种物质和精神基础，也是农民的体育文化水平、思想观念以及在漫长的体育文化实践中形成并积淀下来的认知方式、思维模式、价值观念、情感状态、处世态度、人生追求、生活方式等深层心理结构。它所表达的是农民心灵的世界、人格特征以及文明开化程度。因此，农村体育文化是指生活在农村的人群在从事体育活动相关的物质生产和精神生产的过程中所形成的具有浓厚地域特色的基础设施、价值观念、心态、精神、风俗习惯和道德规范等的总和。

（一）农村体育文化的特点

农村体育文化作为一种农村特定的文化形式，它是社会文化的一个重要组成部分，它既有社会文化的一般性质和主要特点，具有时代性、民族性、区域性、历史传承性和相对独立性外，也具有体育活动的特征。它以体为本，身心并重，不拘形式，重在参与，易于交流。由于农民在生产方式、生活环境和生活习惯等方面，农村体育文化形成和生长的环境、背景的特殊性，使其具有区别于城市体育文化的一些特点。

1. 不确定性

农村体育健身活动带有明显的随意性和季节性，农村体育活动的开展易受生产活动、体育意识及观念、健身条件等限制，因而农村体育健身活动的随意性较强，特别是个体零散的活动。另外受生产活动的影响较大，带有明显的季节性特点。在农忙季节体育活动较少，最多是结合劳动和休息时间进行，只有在农闲季节或隆重节日，体育活动才具有广泛的社会性和群众性，此时也是促使各项体育健身活动延续和发展起来的良好时机。

2. 传统性

从历史角度看，我国农民的体育活动具有悠久的历史，在农村一些地方和少数民族地区，很早就有了武术、摔跤、射箭、马术、赛龙舟和荡秋千等民间体育健身活动和比赛。而且在活动内容与形式上丰富多彩，广大农民群众一般是根据自己的具体情况随意选择所喜欢的活动内容，既可以以个人为单位，也可以以群体为单位参加，因人而异、因时因地制宜。农村开展的体育活动内容多带有浓厚的乡土气息，有明显的文化继承特点，如南方农村开展的龙舟竞渡、舞狮，北方农村开展的踩高跷、闹社火、舞龙、扭秧歌等文化内涵深厚，普及面广。我国少数民族地区的体育活动内容就更丰富多彩，经过长年的筛选和提炼，许多优秀体育健身、娱乐项目一直延续到今天，具有鲜明的传统性和民族性。

3. 不平衡性

农村体育文化的不平衡性不仅体现在不同区域的体育文化差异上，从现阶段看，由于农村经济发展的不平衡，导致农村体育健身活动开展也存在着不平衡性，尤其是在居住分散的偏远地区差距较大，存在着民族差距与东西方差距。需要指出的是，这种不平衡性还体现在我国一些地区体育文化建设明显落后于经济的快速发展，表现在重视与引导不够，体育场地、器材较匮乏，农民参加体育活动存在无人组织或无处可去的现象，致使文化体育等健康文明的生活方式没有进入农民的生活中。

4. 封闭性

在中国传统农业社会，村落是农民的生活和活动的基本范围。加之我国地形复杂，山川、河流、盆地的广泛分布和交通工具的落后，农民很少有社会流动。在这种相对封闭的社会环境中形成的农村体育文化，不可避免地带有很强的封闭性，即使在现代社会，农村与城市之间由于体育文化氛围、自然环境、现实条件的限制等因素，城乡体育文化互动并不频繁。农村体育文化在现代化浪潮的冲击下虽然有所变化，但其固有的封闭性并没有得到根本改观。同时，农村体育文化对于外来体育文化有着本能的排斥和拒绝，其体育文化容纳度和吸收性较低。就理想状态而言，体育文化的变迁应该与社会的发展相适应。但在历史实践中，非平衡、非系统化的社会与体育文化变迁屡见不鲜。此即所谓的"体育文化脱序"。

5. 边缘性

一般说来，体育文化大体上属于人类超越自然的创造物，是历史积淀的本质对象化，是文明成果中那些历经社会变迁和历史沉浮而难以磨灭的、稳定的、深层的、无形的东西。长期以来以小农生产方式为基础的意识形态、道德意识、风俗习惯、行为方式等深深浸染着中国农民的心灵世界。自19世纪开始而绵延至今的现代化历程，使得中国农村体育文化的外部形态开始裂变、分化，但与强调效率意识、公平意识、民主意识、平等意识、成就意识为精神核心的城市体育文化相比，农村体育文化显然不适应体育市场经济的发展。在以工业化、都市化、市场化为推动力的现代化和全球化浪潮下，农村体育文化因其保守性而被边缘化。固然，农村体育文化的边缘性的形成与其地理环境、经济基础、历史传统、族际关系、生活方式等因素有关，但更重要的是在工业革命的推动和现代大众传媒的影响下，以创新、进取、理性、开放等为主要表征的城市强势体育文化的侵袭迫使农村体育文化日趋边缘化并处于弱势地位。

（二）农村体育文化建设的作用

1. 促进农村文化建设的凝聚力

体育文化的凝聚作用首先表现在对人民群众精神方面的凝聚力上。高水平的比赛或表演，通过广播、电视、报刊等文化传播媒介往往吸引着亿万听众、观众的注意力，有时会使其达到废寝忘食的地步。体育文化的这种凝聚力在某些情况下会超过宣传、组织手段，甚至物质上的吸引力。其次体育文化的凝聚力能使一个国家、一个民族或一个地区成为一个由具有共同价值观、理想追求的人凝聚起来的整体。使成千上万的人在同一时间处在同一种精神状态下。这种凝聚力是任何力量都无法比拟的。在农村文化建设中可以利用这种凝聚力，通过举行各种各样体育运动、收看体育节目和体育赛事来宣传农村文化建设知识。

2. 加强人际交往，促进农村文化的交流

在现代社会生活中，人际交往是个体适应社会生活，相互交流，共同进步的基本途径，也是个体完善发展的重要途径。有许多农民虽然掌握了一定的科学文化知识，比较系统的专业技能，但由于他们缺乏人际交往这样的平台，专业知识和科学技能不能相互交流，不但个人的知识和能力不能更好地完善，而且也不利于科学知识的传播。体育文化作为农村社会文化的一部分，为农民提供了各种交流的机会和场合，使他们在各种机会中加强了人与人之间的交流和交往，增进他们的相互了解和知识的相互交流与相互提高，从而促进各种科学知识和农业技术的交流、改善、提高，进而促进农村文化建设。

3. 净化农村文化环境，促进农村文化繁荣

我国农村体育文化之所以如此千姿百态、异彩纷呈，是农民在长期的

生产劳动和社会生活中形成并积淀下来的具有农村地方特色的文化，它是人与自然和谐、完美结合的结果，是人与人和睦相处，共建和谐社会最好的验证。例如龙舟竞渡，它最早是以纪念诗人屈原为目的，从农村地区发展而来的一个竞技项目，它参赛的人数多，便于培养团结协作、奋力拼搏的集体主义精神，加强人与人之间的交流了解，增进友谊，它的趣味性和观赏性强，可以强身健体，陶冶情操，还可以借此进行爱国主义教育，增强民族向心力和凝聚力。在春节、元宵节等农闲时节开展农民所喜闻乐见的文化体育活动，举办各种不同形式、不同内容的农民运动会、民族风情节，使农村文化建设在内容和形式上呈现多层面的发展，可以促进农村社会文化更加繁荣。在社会主义新农村中，体育文化将成为农民生活方式的重要组成部分，把农民从单调贫乏、枯燥无味的农村文化生活中解脱出来，让先富起来的农民，不仅自己参与健康、文明、高雅的体育文化活动，还要引导他们参与策划、投资农村体育文化建设与体育产业的建设，形成多种层次、多种形式和多种所有制体育文化的局面，创造一个以商养文、以文活商、文商互补的新路，使农村农民真正享受体育文化带来的乐趣，感悟生命的意蕴和人生价值，体验人际关系和谐带来的满足，建立乐观豁达的生活态度和激发积极向上的生活热情，从这一意义上看，农村体育文化的价值正是在全面建设社会主义新农村，创造绚丽多彩的农村文化生活中显现出来的。

二、企业体育文化

（一）企业体育文化的开展形式

在企业中开展丰富的体育活动，将体育活动渗透到企业文化中，已经成为很多企业的共同认知。但是如何正确开展企业体育文化活动，各个企业的想法不同，开展形式不同，也将达到不同的效果。具体来说，可以将活动分为提高员工综合身体素质的素质锻炼、培养员工竞技精神的竞技体育比赛、促进团队协作的友谊赛、放松员工身心的体育休闲活动等。

1. 晨会

晨会是企业文化的重要组成部分，是指利用上班前的 5~10 分钟时间，全体员工集合一起，互相问候，交流信息和安排工作的一种管理方式。晨会是活动发表、作业指导、生产总结、唤起注意、培训教育、信息交流的场所，有利于团队精神建设。为养成良好精神面貌、培养全员文明礼貌、提高干部自身水平、提高工作布置效率、养成遵守规定的效果，大部分企业晨会都采取宣读企业文化、主管训话等方式来开展。如果在晨会上适当增加一些体育训练的内容，就能够使员工在清晨唤醒自己的身体和各项感官，活跃筋骨，从而实现头脑上到身体上的畅通。因此，在开展展会的时候，可以增加企业舞蹈、小游戏、做广播体操、简单队列训练等活动，使员工紧张的身体舒缓下来。例如，有的企业在每天上班之前利用 5 分钟的时间，带领全体员工做广播体操，使员工在舒展、跳跃的过程中，得到身体素质的提升。

2. 培养员工竞技精神的竞技体育比赛

为了丰富企业职工的业余生活，进一步推动体育活动开展，带动体育活动的风气，增强企业凝聚力，也给同事们展示自我的舞台，企业可以定期开展员工内部的竞技体育比赛活动。让有体育特长的员工报名参加各类活动，展示自我的体育风采，使其他同事也能够在观赏的过程中得到精神上的熏陶，体现出企业"我运动、我快乐"的宗旨。例如，企业可以在每年举办乒乓球大赛。乒乓球是我国的国球，并且占用场地比较少，操作比较简便，大多在室内进行，不管是在晴朗的天气还是在阴雨天气里都可以进行比赛。员工可以自己报名，也可以内部进行推举。参与乒乓球比赛的员工，都应获得一定的物质奖励，在乒乓球比赛中取得优秀成绩的员工，应予以更高的物质奖励，从而鼓励更多的员工都加入企业的竞技体育比赛中，赛出自我，赛出风采。

3. 促进团队协作的友谊赛

企业体育文化中的友谊赛，既可以是各个部门之间的比赛，也可以是企业与其他企业的比赛，主要采取团队的方式进行比赛，尽可能使团队中的每个人都参与进来，共同为团队的荣誉而努力，从而实现团队凝聚力的提升。在友谊赛的举办过程中，也能够促进各个部门、各个企业之间的相互交流，使员工更加熟悉彼此的兴趣爱好和性格特征，从而在日后的工作中配合更加默契。例如，企业可联合另一家企业，开展友谊足球赛活动，选拔企业中的优秀人员作为足球比赛选手，其他同事作为足球比赛啦啦队，共同为企业的荣誉而奉献出自己的热情，在比赛过程中，企业人员与另一家企业的人员进行了体育上的交流，本着"友谊第一，比赛第二"的原则，在比赛过程中注重对足球技巧的交流，在运动中赛出革命般的战友感情，从而在日后的工作中焕发出更大的团队凝聚力，使企业体育文化达到应有的效果。

4. 放松员工身心的体育休闲活动

体育休闲活动是当前企业中采用最广泛的一种形式。不仅能够舒缓员工在平日工作中积累的疲劳，释放员工内心的压力，还能够使员工的身体素质得到提升。与同事共同进行体育休闲活动，也能够加深员工之间的互相了解，给员工之间搭建沟通与协作的平台。企业可以利用空闲时间，组织员工进行登山、户外徒步、钓鱼等休闲活动，采用比较舒缓的方式，让员工的身心都能够得到放松，在繁忙的工作中找到生活的乐趣，提高员工的身心健康。

（二）企业文化与体育文化整合的策略

1. 提炼企业的核心价值观，提升文化的凝聚力

价值观是企业体育文化的首要问题，也是体育文化和企业文化整合的重要内容。近年来，很多企业注重在日常工作中创新文体活动理念，确保文体活动人本化，坚持科学发展观"以人为本"的核心理念，提出"员工身心双健康"体育文化活动的基本方法，开展以促进身体健康和精神健康为核心的各项体育活动，很好地将企业体育文化与员工需求结合起来。因此，价值观的整合与确定要综合考虑员工、股东以及社会的要求，要正确、明晰、科学，具有鲜明的个性特征，要体现企业的宗旨、管理战略和发展方向。为此，企业应根据自身的特点和经营环境，进行核心价值观的设计定位，要切实调查本组织员工对企业价值观的认可程度，要发挥员工的创造精神，认真听取员工的各种意见，并经过自上而下、自下而上的多次反复，认真筛选出符合企业特点的核心价值观。

2. 宣传企业体育文化，增强文化的吸引力

企业要利用一切宣传媒体和舆论工具，创造浓厚的文化氛围，宣传企业形象、企业理念等企业体育文化的精要。要根据文体活动的新方向、新思路，积极营造活动好氛围，将理念文化、制度文化等抽象概念转换为具

体符号，通过大众媒体、宣传板等手段来实现。包括体育每个运动项目的名称、标志、职工的运动服装、宣传口号、体育用品、体育器材设备等；全力创新文体活动的组织形式，鼓励和支持基层承办为主，以行政部的指导和监督为辅，以各个部门为单元来举办活动，使文体活动深深植根于基层。积极建设活动硬环境，如很多企业就非常注重硬件建设，建立了健身馆、篮球场、羽毛球场、乒乓球场等活动场所，并结合企业职工的特点，以文化化和科学化为重要依据，全力推动企业体育文化建设，吸引广大企业员工自觉地加入体育健身活动当中。

3. 建立相应的规章制度，强化文化的塑造力

文化的整合，不仅要宣传，而且要有必要的制度保障，防止变成空洞的说教。因此，在企业中要建立和完善各种制度，尤其要建立严格的奖惩制度与之相配套，这对于塑造和实现企业价值观具有重要的保障作用。很多企业都加强了基础体育组织建设，并且结合本单位实际，制定职工体育发展目标、规划和年度计划，采取切实可行的措施，认真组织实施。经过不断整章建制，形成了一套健全完善的组织机构。

三、城市体育文化

（一）城市体育文化的形式创新

城市体育文化形式主要是指体育文化发生、表达以及传播的载体，是展现城市体育文化内涵的方式。创新城市体育文化需要立足于传统，体现时代特征，推陈出新。

1. 竞技体育大众化

以往竞技体育是一项专业运动，普通百姓很少涉足。随着生活水平的提高，普通人逐渐参与到竞技体育中，感受运动带来的快乐。南京曾举办过青年奥林匹克运动会就为竞技体育大众化提供了很好的模式，体现了"让奥运走进青年，让青年拥抱奥运"的理念，这届运动会中出现了羽毛球、乒乓球等大众化运动项目，促使竞技体育运动会成了大众参与的运行会。

2. "贵族体育"平民化

随着社会和经济的发展，人们生活质量的提高，对于普通人来说高尔

夫、网球、滑雪、赛车等"贵族运动"也以新的形式逐渐走入"寻常百姓家"。比如小型室内高尔夫，就是在十几平方米的独立空间中通过机器设备来模拟高尔夫球场，人们通过打高尔夫球将球打到可以感应的屏幕上，屏幕上就会显现出对应的球的落地距离。

3．健身知识网络化

城市体育文化是一个系统的整体，主要包括体育文化活动、体育健身以及保健等。现阶段网络发展迅速，信息丰富，受到现代人的普遍认可，所以可以将网络作为城市体育文化的载体，利用网络传播和宣传体育文化，比如在城市网站或者论坛中可以组织体育活动、围绕相关的体育主题来开展相关的讨论，或者设立专门的体育保健栏目，定期向人们介绍体育活动中的各种注意事项，既丰富了人们对体育文化的认知，也将加强体育锻炼的重要性普及给更多的群众。

4．群众健身周期化

"全民健身"计划与"奥运争光"计划一样，是由国家主持开展，鼓励全民参与的一项体育健身计划，可提高劳动者的综合素质，鼓励人们建立健康的生活方式，将群众体育和竞技体育相结合，有利于推进社会主义物质文明和精神文明建设。实际生活中全民健身活动随处可见，比如各地的"建设节""建设周""建设月"等都是周期性的全民健身活动，有时候甚至不需要组织，人们都会主动出来锻炼，像是近年来流行的广场舞，都是城市体育文化活动作用于人们印象观念的积极表现。

（二）城市体育文化发展的路径

1．认清城市体育文化发展现实基础，规范组织管理，更好地履行政府职能

西方许多发达国家长期以来注重大众体育的发展，对大众体育的基本原则、基本制度与行政制度，都以法律条款来控制、监督与调节，并建立了一系列的配套法规。如大众体育组织形式，场地规划管理、活动内容和经费筹集等。在新的历史时期，我国应广泛吸收国外大众体育发展过程中的政策法规和先进经验，根据我国当前的国情，结合大众体育发展的现实基础，积极探索建立政府主导，社会、社团、协会共同参与的工作机制，充分发挥各级体育总会的作用。在具体实施过程中，各级体育管理部门应

把工作精力放在公共服务政策的制定上，加强政府相关部门之间的协调，建立健全全民健身工作协调机制和工作责任制，对有关部门承担的全民健身工作进行监督。坚持城市体育以社区为重点，完善全民健身组织网络和队伍建设，加快群众体育社会化进程。

首先，群众性体育比赛是宣扬城市体育文化的基石，地方各级政府根据实际情况，在本区域内积极开展突出大众性、民族性、趣味性、科学性的群众性体育比赛；其次，政府部门鼓励公共体育设施在节假日向公众免费或优惠开放，并提供相关健身指导服务，注重深入开展全民健身活动，并制定相关行动计划，创造优质的健身环境。一些城市正是围绕群众性比赛和创造优质健身环境为中心开展各项体育文化活动。如上海制定了"人人运动"行动计划，并列入上海建设健康城市的总目标。行动计划倡导市民做到"六个一"，即：参加一个体育组织（健身俱乐部、体育团队等）；学会一项基本的运动锻炼项目；每星期有一次以上体育锻炼；每年参与一次社区体育比赛活动（社区健身大会、全民健身节等）；每年现场观看一次体育比赛；每年接受一次健康体质测试。政府部门拓宽体育场地设施建设的资金投入渠道，完善公共体育场馆向公众开放的政策，实现各类健身场地资源由群众共享。通过这些丰富多彩的体育活动，广大群众积极参与其中，彼此之间身心愉悦，以体育文化活动为载体，树立了崇高的生活目标。也正是这些形式多样的活动，让不同的社会群体间交流和合作更加和谐，推动了整个社会的安定团结。

2. 繁荣体育文化产业，优化城市经济结构，促进城市社会生产力发展

在西方发达国家，人们以"永远的朝阳产业"来称赞体育文化产业，体育产业已成为国民经济新的增长点，并将发展成为重要的支柱产业，国外一些经济学家、社会学家则大胆预言：体育文化产业将成为世界四大产业之一。近年来，我国充分认识到体育产业在经济、社会发展中的重要地位和作用，由于其良好的外部环境，作为文化产业的重要构成因素，城市体育文化产业得到了迅猛的发展。体育文化产业不仅自身能直接为城市经济创造巨大的收益，而且能发生连锁反应，强劲拉动一系列相关产业乃至"无关"产业的发展，体育文化产业与旅游、信息、服装和器材生产等行业交叉，形成许多相关产业，诸如体育广告业、体育旅游业、体育用品业、体育博彩业等等。同时，体育文化活动的参与率的提高，将有利于工业生产率的提高，作为新兴的第三产业，体育文化产业及相关产业还可以扩大内需、增加城市的就业机会，为拓宽社会就业的渠道提供了更多的机遇。体育文化产业对优化城市的经济结构，提高经济的发展质量，促进城市社会生产力的发展，增加就业机会等诸多方面都会产生重大的影响。繁荣体育文化产业，一方面，要利用经济发展提供的丰富的物质基础，为广大人民群众尽可能提供充实的体育用品、体育服务和参与体育的机会，创造优质的体育健身条件和环境，使广大群众个体的体育需求得到满足，使人的全面发展得以实现；另一方面，政府相关部门要动员广大群众积极参与各项体育活动，提高对体育文化产品的消费能力和消费水平，促进体育文化产品的多样化、高品质化，促进体育文化产业的良性发展。

3. 打造城市景观体育，引入国际高水平竞技赛事，塑造文明与开放的人文环境

举办国际大型比赛，可以提高城市在举办大型国际体育赛事中的能力和水平，提升城市的国际知名度，更重要的是提高本城市竞技体育水平，促进城市的体育文化建设进程，为群众体育的发展创造一种良好的氛围。世界上很多著名的城市积极加入不同类型、举世闻名的各项赛事中，如环法自行车赛、达喀尔拉力赛、沃尔沃帆船赛、ATP 网球大师赛、F1 世界方程式赛等国际知名赛事，以此来吸引了全世界人们的目光。这些城市举办高水平、国际性的比赛，一方面以提升城市知名度来促进经济、环境的快速发展；另一方面，通过承办大型运动会宣扬体育人文精神，使城市不断得到体育人文的滋润，营造相互协作、相互尊重、努力拼搏的人文景观，给城市注入鲜活生机，给主办城市留下一笔丰厚的文化遗产。我国许多城市积极承办各种不同形式的大型国际赛事，深刻感受和认识到竞技体育文化对社会的积极影响。近几年，上海举办了 F1 比赛和美国男子职业篮球联赛季前赛、网球大师赛等一系列大型国际比赛，通过举办重大体育比赛为契机，发挥体育在提升上海城市形象和完善城市功能方面的作用，把城市综合竞争力提高和重大体育比赛的举办有机地结合在一起，其良好的互动效应已经引起国内外媒体的关注。举办重大比赛已经成为世界了解上海的重要窗口之一，它对于上海的城市服务功能的提升，城市管理水平和市民综合素质的提高具有积极的推动作用。可以说，是否有能力举办国际水准的大型赛事可以反映出一个城市的文明和开放程度。

第五章　新时代体育非物质文化遗产的保护与传承

第一节　体育非物质文化遗产的价值探究

一、体育非物质文化遗产的内涵

体育非物质文化遗产，是体育文化的重要组成部分，是非物质文化遗产中的一类重要表现形式。它是在漫长的历史中创造和积淀下来的传统体育文化资源，充分体现了人类共有的体育文化价值观念和审美理想。

从存在方式和文化内涵看，体育非物质文化遗产，是指那些被各群体或个人视为其文化财富重要组成部分的具有游戏、教育和竞技特点的运动技艺与技能，以及在实施这些技艺与技能的过程中所使用的各种器械、相关实物和空间场所。它既有与体育活动相关的竞赛程序、器械制作等身体运动内容，又有与各民族的社会特征、经济生活、宗教仪式、风俗习惯息息相关的传统文化现象，是一种"活态人文遗产"。

体育非物质文化遗产的提出，是对这一类珍贵文化形态的抢救和保护，是对濒危文化采取的一种记录、保存、评估、拯救和人类共享的一项文化工程。体育非物质文化遗产的文化内涵应该包括以下几种层次或范围：现存原始土著民族的各种各类体育文化中的精华或代表性形态形式；一个国家中主体民族的民间体育文化代表性形态和形式；一个国家中主体民族的濒危性传统体育非物质文化遗产；一个国家中非主体民族的民间体育文化和传统体育非物质文化；各个民族、各个种族特殊形式的濒危状态的体育非物质文化（不受创造时间限制）。

二、体育非物质文化遗产的价值

（一）健身价值

健身价值是体育非物质文化遗产最基础、最直观、最突出的价值体现，如彝族摩尔秋、蒙古族搏克跳板、藏族传统马术、达斡尔族传统曲棍球竞技等，还有大众较为熟知的武术、射箭、拳术、摔跤、象棋等，其健身功能是其体育价值的直观体现。以武术为例，练习者通常要做到心、神、形一体，注重内外兼修，身体的躯干、肌肉和关节均能得到伸展，其中回环、跳跃、翻腾、跌扑等动作的锻炼能够有效提升人体力量感、柔韧性、平衡感、耐力等。又如太极拳，其动作刚柔并济，同时又会配合呼吸吐纳，注重调息运气和意念活动，长期练习对多种慢性疾病和调节人体内在平衡均有良好的作用。体育非物质文化遗产的这一健身价值作用在群体中，就是对国民身体素质提高的一种推动，国民的身体素质水平也是当代社会文明和经济发展的重要标志之一。

（二）历史价值

体育非物质文化遗产本身就拥有上百年历史的发展、沉淀和传承，因此它所展现出的历史价值就是对过往文明的映射和延续，是对不同时期、不同民族文化发展的记录和传承。体育非物质文化遗产的活态特征意味着它本身就是一个具有生命意义的不同表现，所蕴含的是一个民族古老的记忆，能够帮助我们正确认识历史文化，与新的时代命脉相结合，在世代传承过程中依然显示出强大的生命力。比如四川省凉山彝族自治州的无鞍赛马，就展现出了凉山腹地的多重风格，是中国西南地区体育交流历史事实的重要记录和补充。还有蒙古象棋（喜塔尔），它的出现最早可以追溯到公元9世纪到13世纪，比现代国际象棋出现的时间早一百多年，在研究这项体育非物质文化遗产项目的起源和发展时，可以发现它是随着草原的丝绸之路进行延伸，经过波斯最后在蒙古族中得到盛行的，这对于研究我国早期的对外贸易和国际交往也具有重要意义。另外，正是由于喜塔尔的悠久历史，集中体现着蒙古族传统思想和文化，通过观察和分析喜塔尔可以了解蒙古族经典哲学体系与军事思想。

（三）文化价值

不同的体育非物质文化遗产的出处、环境等均各有差异，承载的文化价值也有所区别，形成文化繁荣盛况。以新疆维吾尔自治区为例，体育非物质文化遗产项目和其他民族传统体育就展现了丰富的民族文化特色，如骑马和射箭等，展现出了当地以屯垦农耕为主的体育文化特征，这是当地的一种独特文化现象，与当地地域的发展有着千丝万缕的关系，即开发边疆、保卫边疆等以屯垦和农耕为主的形式。屯垦最早源于南北朝时期，到中华人民共和国成立初期，以张仲瀚为代表的新疆生产建设兵团人所创下的"十万雄师进天山，且守边疆且屯田"的壮举，一直到今天，新疆生产建设兵团的军垦文化都一直在延续，所呈现出的文化价值也囊括了爱国、吃苦耐劳、奉献等新的内涵，远比屯垦和农耕文化本身的价值更为丰富。其次还有以赛马、马术、叼羊、摔跤等项目所展现出的草原体育文化，以及以捕鱼、滑雪、冰上走马等项目所展现出的冰雪体育文化等。可以看出，一个民族的体育非物质文化遗产项目都与其自身的生活方式、生产方式、文化背景、思维方式等息息相关，若没有这些基本要素为依托，体育非物质文化遗产也就没有价值意义了。

（四）精神价值

体育非物质文化遗产的精神价值是将体育本身与人、社会、精神等融为一体，使人达到形神共具、身心皆益的效果。其中最具典型的便是我国的传统武术，它是最讲究"精神"的一项体育运动，传达的便是一种自然哲学观，注重的是"内外合一、天人合一、物我合一"，这一理念传达出的也是中华民族历来所具备的一种精神价值和文化心态，即注重内在、意念、重合、直觉，这也可以理解为中华民族精神价值通过体育非物质文化遗产展现的另一种状态。同时，练习者在习武过程中要求学员必须要具备吃苦耐劳的精神，以及坚韧不拔的意志力，尤其是对于学生来说，对他们塑造健康的精神观念和良好的自信心都有直接帮助。此外还有广东醒狮，该项非物质文化遗产项目能够长盛不衰、历代相传，也与其传承的醒狮精神密切相关，即突破重重困境，坚定信念，自强不息，一直到今天，醒狮文化与其精神引领仍然在时代中不断得到洗练和传承，演化出了既富有文化传统，又蕴含时代精神的文化特色。

（五）教育价值

教育价值首先体现在体育非物质文化遗产作为一项面临消亡的文化，

国家以及社会都出于保护和传承的目的，不断对其工艺、技术、理论知识、审美等内容向民众普及，这一行为就是一项教育行动。其次体育非物质文化遗产本身就蕴含了极为丰富的历史知识、地理知识、文学知识、科学知识等，这都是宝贵的教育资源。比如赛龙舟，便可延伸到有关爱国诗人屈原的相关历史知识，他引领中国诗歌走向了从集体转为个人独创的新时代，是中国浪漫主义文学的源头，其文学价值在教育上都极具意义。另外，体育非物质文化遗产所蕴含的道德内容同样具有教育价值，例如武术非物质文化遗产中的"谦和仁爱""尊师重道""内敛恭肃""尚武崇德"等，不仅是武术领域中的传统德行要求，也是当今时代中道德标准的规范准则。又如射艺，所注重的不仅是技艺，还关注人的内在修养、品行、思维，追求内心的真、善、美。可以看出，体育非物质文化遗产所囊括的正义、仁爱、善良、和谐等内容，都充分显示出了遗产的教化功能，在社会中发挥着重要作用。

（六）经济价值

体育非物质文化遗产大多数存在于少数民族部落中，一方面会跟随旅游业而产生相应的经济效益，成为旅游产业中的重要收益项目，带动当地经济发展；另一方面，不少体育非物质文化遗产具有较强的竞技性、观赏性、娱乐性，无论是在当地的重要节日，还是在大型的比赛和表演中都有出现，由此产生了连带经济价值。此外，近年来随着体育非物质文化遗产保护工作的深度普及，越来越多的人开始注重非物质文化遗产文化保护和传承，因此与之相关的各种工艺品、服装制作产业也由之出现，极大地推动了我国体育非物质文化遗产在国外的传播，不仅成为国家经济发展的新兴产业，所产生的经济价值也是不容小觑的。但是也正是由于其经济价值的显著，不少体育非物质文化遗产遭到过度开发，使得原本民风淳朴的体育非物质文化遗产生态保护区出现严重的商业化破坏，文化价值也衍生出功利化趋向，这是当代人们在追求体育非物质文化遗产经济价值时需要注意的问题，务必在追求经济价值的过程中保持体育非物质文化遗产的本质特色，同时做好抢救和保护工作，有节制、有目标地进行经济开发，这样才能实现经济的可持续增长，同时实现体育非物质文化遗产保护和传承的目的。

第二节　体育非物质文化遗产的保护策略

一、体育非物质文化遗产的法律保护

非物质文化遗产保护是当前国内外广泛关注的问题，依法保护是最根本和最长远的有效方式。体育是我国非物质文化遗产中的一颗璀璨的明珠，在法律保护过程中我们也必须清醒地认识到存在的问题，积极探索解决问题的方法和途径，为《中华人民共和国非物质文化遗产保护法》立法提供必要的建设性意见，也为体育的保护提供理论依据。

（一）体育非物质文化遗产法律保护的依据

非物质文化遗产是指各种以非物质形态存在的与群众生活密切相关、世代相承的传统文化表现形式，包括口头传统、传统表演艺术、民俗活动和礼仪与节庆、有关自然界和宇宙的民间传统知识和实践、传统手工艺技能，以及与上述传统文化表现形式相关的文化空间。

我国的体育具有丰富的内涵，往往紧密融入民族和民间的民俗活动之中，尤其是在我国的少数民族的许多祭祀性、纪念性、庆贺性、社交性、娱乐性等的节日活动，与传统的体育活动结下了不解之缘。节日为体育活动提供了良好的场所和环境，体育活动又为民族节日增添多姿的内容，体育往往作为一项必不可少的活动而传承，形成少数民族节日体育的庞大内容体系。

同时，我国也存在许多相对独立的体育活动形式，诸如武术、健身气功、踢毽等，是我国具有浓郁民族特色的击技、健身、养生活动，也属于一种传统的社交、娱乐、游戏活动，我国许多拳种已经列入国家非物质文化遗产保护名录。代表东方武技大系统的武术运动是中国所特有的民族传统文化现象。但在武术发展的今天，传统武术也面临濒危的危险。体育是通过肢体的动作来表达人的意识、思想、情感等，展现民族风貌，包含大量的口头传说、传统表演艺术、民俗礼仪、节日庆典、民间乡土游戏等，具备非物质文化遗产的基本属性，应当受到非物质文化遗产法律保护。

（二）体育非物质文化遗产法律保护的路径

1. 加快专项立法

非物质文化遗产具有自身的特性，加之我国民族众多，非物质文化遗产保护对象内涵丰富，在立法过程中可能增加了立法原则界定的难度，导致我国非物质文化遗产保护立法搁浅，期望国家积极组织力量加快立法的脚步。非物质文化遗产基本上由一个社区或群体集体创作，体现的往往是一个民族甚至一个地区、国家共同的文化传统。公法以公共利益为价值趋向正好契合了保护非物质文化遗产公共利益的渴求，保证人们可以从中获得民族的认同感与历史感及知识价值、审美价值、道德价值及生态价值等，可以超越狭隘的个人利益观，以公共利益为价值追求，最终提供丰富的有文化内涵的非物质文化遗产以满足人们的文化利益需求。

因此，公法保护有利于维护非物质文化遗产所体现的公共利益，有利于保持非物质文化遗产的原真性，有利于非物质文化遗产的保存与传承，有利于维护国家文化主权。

2. 充分利用相关法律进行保护

我国对非物质文化遗产的法律保护应建立一种相互协调的体系，可以形成宪法、行政管理法、国有资产法、知识产权法、民法等公法、社会法、私法部门综合管理和保护的体系。在我国尚未出台非物质文化遗产保护法律的前提下，建议对体育的保护应整合相关法律进行保护。体育的保护应当与文化遗产保护相协调。传统知识与文化遗产，特别是与非物质文化遗产关系密切，体育保护应该与传统文化（民间文学艺术）的相关法规保护相结合。目前，与非物质文化遗产保护关系最密切最成熟的法律是知识产权保护制度。由于非物质文化遗产的开发、利用和创新、发展，常常会涉及知识产权问题，应充分利用现有知识产权制度对体育的保护。

因此，应坚持以行政法保护为主，知识产权法保护为辅的原则，尤其是体育非物质文化遗产具有公共产品的属性，并且兼具人文价值与资源价值，通过公法保护有利于守护其人文价值，而通过私法保护维护其资源价值，秉承非物质文化遗产的法律保护人文价值至上的原则，兼顾资源价值，实现公法保护与私法保护相互补充、相互协调，共同构建非物质文化遗产的法律保护模式。

3. 鼓励地方立法

由于我国历史悠久，少数民族多，而且居住分散，文化风俗、地理环境差异较大，表现在体育项目上数量众多，风格各异，大部分少数民族体育项目只是在某少数民族内部开展得较为普及，其他民族和地区开展较少。

我国约有近千种少数民族体育项目，仅广西壮族自治区就有近百种。因此，地方立法能立足地方政治、经济与文化环境，灵活制定相关法律，细化法律，对已有法律和法规做出补充规定。国家在地方立法中给予技术指导，明确非物质文化遗产的类别，规范体育非物质文化遗产的归属。

4. 加快配套立法建设

体育保护的真正意义，不能仅局限于传统体育项目的挖掘和整理，关键要使它在实际生活中得到传播和应用。如果仅仅把体育当作即将消失的宝贵遗产，被动地挖掘、整理，它就永远只是历史。目前，在体育法律法规中，关于体育保护的立法很薄弱，应当在《中华人民共和国体育法》的基础上，有关部门和地方应加快制定相配套的法律、行政法规、地方性法规、规章和规范性文件，推动体育确认、立档、研究、保存、宣传、传承和振兴的进程。国家体育总局应当在体育保护过程中，充分发挥作为政府机构的作用，发布有关于加强体育非物质文化遗产保护工作的通知，推动体育系统积极参与体育非物质文化遗产的保护工作。

5. 明确法律主体与责任

从一般意义上讲，法律保护的主体包括政府主体、社团性主体和民众性主体。在保护体育的多元主体中，民众是不可替代的主体。改革开放以来，随着社会的转型，体育在不断消失、濒危和变异，民众一定程度上也在从体育的继承者、守望者转变为旁观者或开发者。当前不仅应通过教育、宣传等手段培养民众对传统体育的重视，而且更应在民族的经济发展和文化重建的社会实践中，重塑主体的民族自豪感，使之更加珍惜自己的文化及体育传统，以使民众成为名实相符的体育的保护主体。

非物质文化遗产的保护很重要的一个方面就是传承，这就需要我们充分发挥教育机构、公共文化机构等在优秀非物质文化遗产传承、传播中的作用。体育非物质文化遗产保护还应当重视高等院校体育专业的建设，相关研究人员要在传统以武术为主的学科研究中，拓展研究领域，参与所在区域的体育的挖掘整理与传播工作。在专业课程体系中应当加强所在区域的地方体育的传承，并要积极探索体育与学校体育教育和全民健身的融合，拓宽传播的渠道。

因为非物质文化遗产是由特定的群体成员自然承袭的知识或实践经验，是群体的集体智慧和结晶，不是单靠个人社会成员的智慧和灵感完成的，而是由于其所在的群体，甚至相关联的多个群体在长期的生产和生活中共同完成的，所以非物质文化遗产的主体具有非特定性。它的主体可以是一个国家、民族、族群、地区等群体，只有在特殊情况下，特定的自然人才可能成为其主体。政府是非物质文化遗产保护的重要主体。政府主体应当在不同类别的体育中承担相应的责任。同时建议，在立法过程中把"杂技与竞技"改为"杂技与传统体育"，或单独列为"传统体育"类，同时建议在今后部际联席会议中增加体育系统的席位，加强研究与商讨，使体育在法律保护中有明确的归属。

6. 规范认定方式

体育非物质文化遗产的认定过程中，应当克服"泛文化遗产论"，针对不问其价值和是否具备独立存在的本质特性，甚至对近年来出现的武术散打项目，也都认定为非物质文化遗产加以保护的现象。对待非物质文化遗产项目需要我们保持慎重的态度，防止把普查挖掘体育非物质文化遗产当成再造遗产项目。除此之外，民族交往的增多和文化的传播引起了体育的变迁，形成了体育相互交叉融合的局面，并随着民族交往的扩大，一些民族的传统体育活动中逐渐出现了异质文化的色彩，在挖掘整理方面要坚持保护、保存、保留面要宽的原则，用各种媒体手段进行整理与保存，为以后体育的研究提供翔实的资料，防止简单化对待某些体育非物质文化遗产项目。同时要树立整体保护的理念，非物质文化遗产的特点决定体育保护的中心在其"精神内核"，失去其精神内涵的体育就失去了赖以生存的文化环境。

二、体育非物质文化遗产的赛事传承

少数民族体育作为中国宝贵的文化资源和体育资源，对民族文化的丰富以及体育运动的发展都有着特殊且重要的作用。区域封闭性以及地域局限性的特点决定了大多数少数民族体育运动的开展只能局限于特定的区域、场所及群体，难以被大众所广泛熟知、接受。虽然小群体及固定场所的开展有利于民族体育生态文化能被原味原汁地保存，但从文化的传承与推广角度而论这种现象则较为不利。

目前受多种条件的限制，许多优秀、珍贵的文化都在不断地被遗忘、流失，甚至消亡，其中便包括了一些体育类非物质文化遗产。为了推动民族体育运动项目的发展，社会各界采取了多种形式对民族体育进行传承与推广，如校园传承、赛事传承等模式，尤其是赛事传承模式对推动民族体育运动项目的传承与发展起到了重要作用。

（一）中国少数民族体育运动竞赛体系概况

奥运会作为世界上最具影响力的体育赛事，决定着许多运动项目尤其是一些边缘或冷门项目的发展前景。若某项体育运动成为奥运"瘦身计划"下的牺牲品，那么国家对这项体育运动的支持力度必定锐减。相反若某项运动被奥运所接纳，那么此项运动的发展必定会迎来发展的大好契机，国家对运动项目投入的经费也会增加，在体育项目的开展层面亦是如此。

基于项目本身性质与属性的不同，虽然大多数体育项目未能建立如奥运会一样盛大的世界性体育赛事，但体育运动作为我国宝贵的体育资源和民族文化，其发展也得到了国家各个层面的重视。为了推动少数民族体育运动的发展，国家举办了较为系统的少数民族体育赛事，并建立了成熟的比赛体制与赛事发展机制，如全国民族运动会，全国邀请赛，省市以及县、学校民族体育运动会等层层递进、层层衔接的赛事体系。

广西壮族自治区的少数民族体育竞赛体系除了自治区、市民族运动会，还会在每年三月三举办的民族体育节，而体育节的比赛项目也以全国范围内较为主流的少数民族体育运动项目为主，如陀螺、板鞋、高脚竞速、绣球等。体育节的比赛不仅有自治区内的各市、高校代表队，部分项目还邀请了省外的代表队参加。省外队伍的参赛不仅提高了赛事水平和比赛规格，也有利于推动不同地区民族体育运动的发展和交流。2017 年的体育节陀螺项目的比赛还出现了留学生代表队，促进了我国民族体育文化的国际传播，提高中华民族文化的国际影响力。

在国家级赛事级别上，除了每四年一次的全国民族运动会，还有每年的全国邀请赛，如陀螺、高脚竞速与板鞋全国邀请赛等。从赛事的层次、结构、种类以及性质而论，目前我国少数民族体育运动竞赛体系都较为合理、科学。

赛事体系的建立为少数民族体育的发展注入了强有力的活力，在这种竞赛背景下，许多少数民族体育运动项目得到了当地政府的高度重视，并给予了人力以及物力等方面的支持。

（二）赛事传承下体育非物质文化遗产传承的优势

1. 可获得长效、稳定的发展模式

一般而言，赛事体系尤其是高级别赛事的建立都具有传承性、稳定性的特点，不会轻易终止或中断。目前每一届奥运会结束经过短暂的休整之后，国家队便又进入到了下一周期的备战工作，而其中不乏群众基础薄弱、市场化程度低、竞技成绩差的运动项目。原因是该项目在奥运会竞赛项目群体中比较稳定。在这种背景下，只要项目属于奥运会比赛项目，运动队的备战训练便会同期存在、如期而至。虽然省级民族运动会与省运会相比在影响力、重要性等方面存在着一定的差距，但在赛事的性质和地位上二者却处于同一层次，且民族体育运动会更能体现民族特色与区域特点。

在列入省级或国家级民运会竞赛或表演类项目之前，多数少数民族运动的发展都是由民间力量来主导，运动的发展呈现出随意性、无序化、零碎性等特点，缺乏有效的调控。如果被列入重要赛事的比赛项目，那么无论是政府层面还是民间组织对运动项目的重视程度都会大大提高。

在政府层面，相应的官方组织将会针对比赛组织力量进行正规化、专业性、系统化的备战训练。从民族体育运动的传承与推广角度来讲，正规化、专业性的训练将是对运动项目发展最好的传承，因为在本质上，任何传承方式都是以运动项目的训练为导向目标。此外，政府层面的备战训练也可以为运动的发展提供一定的资金支持，这对于推动运动的传承与推广也有着极为重要的作用。政府官方组织、稳定的经费来源可使运动项目获得长效、稳定的发展。

2. 提高运动项目的关注度与影响力

竞技赛场作为运动员展现自我风采与运动魅力的平台，是体育运动宣传的最佳手段之一，许多运动项目从不为人知到被大众熟知都是通过体育赛场的竞赛来实现的，这也为一些项目的发展走出了关键的一步。

（三）少数民族体育运动纳入赛事的条件

虽然赛事的举办在一定程度上推动了一些少数民族体育的可持续发展，使一部分民族体育运动被列入竞赛或表演项目，但并不是所有的运动项目都有潜力或价值被纳入重大比赛的竞赛或表演项目，而未能成为运动会的项目只能散落在民间无序化发展。

细细审视纳入竞赛的项目便可发现，这些运动项目符合现代人对运动项目外在特征与内在精神的需求，具有大众化、生活化、健身化与娱乐化等特点。民族体育运动尤其是冷门项目运动进入到赛事的先决条件是要对运动项目的技术动作、活动规则等进行完善与创新，使其更加符合人民群众对体育运动的需求。

以竞赛为契机是推动民族体育项目尤其新兴或冷门项目发展的重要举措，将优化和改革后的民族体育冷门项目纳入重要赛事的表演或竞赛项目赋予了体育运动最根本的发展动力，这也是竞技体育运动发展普遍的规律和现象，同时也是基于事物发展内在动力与激励机制的现实考量。

虽然赛事传承模式并不能从根本上改变和解决民族体育冷门项目传承中遇到的难题，但在当下，这种模式也不失为一种可供借鉴的方式。当然赛事传承模式也仅仅是一种建立在激励动机层面的活态传承方式之一，并不一定适合所有民族体育项目的传承，其他诸如校园传承、旅游传承、红色教育传承、公益宣传传承等方式也对民族体育运动项目的传承起到了重要的助推作用，基于民族与地方特色、立足社会生态与人文环境应是民族体育运动项目传承的理念所在，多元立体化创新传承方式的构建应是根本所在，如此才能长效推动少数民族体育运动的传承和发展。

三、体育非物质文化遗产的高校教育传承保护

（一）高校教育的实现价值

高校最基本的功能就是传承文化，是人类文化的传承场所。很多非物

质文化遗产传统体育项目因民间传承人年老体迈，年轻的传承人又少，面临着失传的困境。体育非物质文化遗产是中华民族精神文化的重要标志，蕴含着民族特有的文化意识、深厚的精神内涵、独特的思维方式及生活方式。地方高校往往是一个地方的文化中心，有着独特的地域文化氛围，有责任保护当地的非物质文化遗产。因此，将体育非物质文化遗产纳入高校课堂中这一探索，具有重要的实践价值。

1. 有利于增强大学生们的民族认同感

体育非物质文化遗产作为我国优秀的文化组成部分，凝聚着中华民族深层的文化基因，是增强中华民族凝聚力的重要源泉。将体育非物质文化遗产纳入高校体育课程体系，让大学生切身学习体育项目，了解体育非物质文化遗产深厚的文化内涵，从而增强他们的民族自豪感和荣誉感，激发他们的爱国主义情怀。

2. 符合文化多元性的需求

多元文化教育的提出引起了学术界人士的广泛关注和学术探究。目前国内外学术界对多元文化教育尚未有一个统一的界定。在我国，多元文化教育被称为少数民族教育或多民族教育。高校作为人类优秀文化的传承地，需要文化的多样性，多元文化的传承、发展与创新也同样需要高校教育。在经济全球化的今天，文化的生态的变化，多元文化的产生已经成为一种潮流。

体育非物质文化遗产形式多样。地域性、生态性及原始的传承方式使其具有独特的文化特点。将体育非物质文化遗产引入高校课堂，既能够使传统的体育教学注入新的元素，给人们视觉的刺激；又能从灵魂深处给人们思想的启迪，让人们深入地了解体育非物质文化遗产的文化内涵。只有这样，高校的体育教学生态环境才能良性发展，学校也会在多元文化环境中保持永久的竞争力。

从某种程度来说，体育非物质文化遗产的消亡意味着文化多样性的消亡。因此，高校的学术及传承必然得具备文化多元性、多样性及包容性。将体育非物质文化遗产引入到高校教育中符合多元文化的需求。

3. 利于青年学子实践与创新能力的培养

民族传统非物质文化遗产内容丰富，传统体育项目形式多样，非常适合学生身心发展的需要。体育非物质文化遗产的特点之一就是"活态性"，是一种活态的有生命力的传承。因此，教师需重视学生实践能力的培养。而要想保持体育非物质文化遗产的生命力，就必须在原有的基础上，在实践当中进行必要的创新。这就需要广大大学生参与其中，配合学校的专业教师队伍，深入到民间，与民间尚健在的传统体育非物质文化遗产的年老传承人或者年轻传承人进行深入接触，将散落在民间的非物质文化遗产传统体育项目进行科学整理、分类，并加以创新，赋予其新时代的教育、健身等价值。

4. 促使传统体育教学引起反思，深化教学改革

当今社会学校体育教育的目的是培养学生的终身体育思想。学生有自主选择体育项目的权利，选择自己感兴趣的课程。然而由于教室、项目、场地、器材等条件的限制，许多学生并没有选到令自己满意的体育项目。当今高校体育教学仅仅是运动技能的传授。学生并没有真正去了解和探索运动项目背后的文化内涵，更谈不上终身体育思想的培养。像围棋、铜鼓舞等非物质文化遗产传统体育项目，内涵丰富、特色鲜明，符合学生的兴趣爱好和个性与身心发展，将其发展到高校体育教学中，容易激发大学生们的兴趣，促进他们终身体育思想的培养，加快体育教学改革的步伐。

（二）高校教育传承保护策略

1. 构建学校教育目标

教育目标是教育改革与发展的出发点和归宿，对教育的各种活动起着重要的制约和导向作用。在高校体育教学中传承非物质文化遗产，必须要有明确的教育目标：①树立学生"终身体育思想"的理念，培养他们对体育非物质文化遗产的自觉传承保护意识；②对被列入非物质文化遗产的散落民间的体育项目进行搜集、整理，并加以创新，进行保护传承；③培养体育非物质文化遗产传承人，培养传承人对于民间处于濒危状态的非物质文化遗产传统体育项目的传承发展极为重要。传承是基础，传承的过程就是保护的过程。

2. 重视教材开发及课程建设

我国民间体育文化源远流长，地域文化特色鲜明，传统体育项目形式

多样，是可供开发与利用的重要课程资源。将非物质文化遗产传统体育项目引入到高校体育教学的课程当中，就必须有相应的传统体育非物质文化遗产教材。教材是教师进行授课的基本依据。因此，必须组织有关体育人员及专家到民间调研、挖掘民间的作为非物质文化遗产的传统体育资源，进行整合、梳理、归类，并深入挖掘整理其背后的历史渊源、演变过程、文化内涵。

教材的编写要让学生掌握所规定的传统体育项目，激发学生的兴趣爱好，符合学生的身心发展特点，培养学生的终身体育思想，以非物质文化遗产传承为主导。对于课程的设置也要合理，既有体育非物质文化遗产理论性课程，又要设置传习性课程及拓展性课程。

3. 注重师资队伍的建设

在高校当中，进行非物质文化遗产学校教育，开设体育非物质文化遗产课程，并进行授课，就必须配备专业的教师队伍，这对体育教师提出了更高的专业知识要求，但也是一种提升个人知识、技能、文化修养的机遇。

（1）必须对现行的体育教师进行严格的岗前培训和考核，让教师对体育非物质文化遗产有一个深入的认识和完整的知识体系，无论是从传统体育项目技能的传授还是对体育项目的理论内容的讲解都能够胜任。

（2）对体育项目技能和理论知识的教授分别配备专门的专业教师。体育教师要大胆地"走出去"，去民间调研，与民间大师、艺人进行交流、学习。还要大胆"请进来"，将民间的体育传承人聘请到学校中担任名誉教授进行非物质文化遗产的学校教学。

从事非物质文化遗产传统体育项目的教师或者教练要不断提高自身的文化修养，对非物质文化遗产传统体育项目的相关知识进行深入研究。

4. 重视对传承人的培养

传统体育非物质文化的表现和传承主要是通过口头讲述及亲身的行为来实现的，是一种"活态文化传承"。然而，很多民间传统体育传承人年老体衰，又得不到关注；民间的年轻人也不感兴趣，从而使很多传统体育非物质文化遗产面临着失传的危险，珍贵的文化基因会从此灭绝。因此，借助高校的平台要加强传承人的培养，只有达到非物质文化传承人标准的自然人才能获得非物质文化遗产传承人的称号。

在高校当中，进行体育非物质文化遗产的传授，在一定程度上增强了人们对传统体育非物质文化遗产的重视和自觉的保护意识。因此，要对那些对传统体育项目感兴趣的学生，或者有一定的技能功底的学生进行重点培养，应让他们深入民间、参与非物质文化遗产的传统体育项目的搜集、整理、研究等一系列实践工作中，并与民间的非物质文化遗产传统体育项目传承人进行交流、探讨，不断提高自身的理论和技艺水平。

当今社会，多元文化的发展已经成为一种势不可挡的潮流。世界呼唤文化多样性。这对高校既是机遇又是挑战。体育的传承经历了漫长的历史，留存了人类宝贵的文化基因。高校作为知识与信息的传播基地，又具有丰富的资源优势，理应对传统文化负责，理应肩负起传统体育非物质文化遗产传承的重任，将体育文化融入到校园文化中，达到"蓬生麻中不扶自直，入芝兰之室久而自芳"这种潜移默化渗透到学生精神世界当中去的良好效果，培养青年学生的自觉保护意识，使他们自觉地去学习传统体育文化，培养出优秀的非物质文化遗产传承人。

四、体育非物质文化遗产传承人的培养与发展

（一）体育非物质文化传承人的权利

要明确体育非物质文化传承人的权利，就要确定其权利主体。体育文化是一种历经千年的群体创造并经历千百年的历史沉淀与积累而形成的，并不是一个人或者几个人在短期内创造的。因此，在探究体育非物质文化的权利归属时，首先要确定的权利主体就是创造他的民族群体。相同的民族因地域分布不同，在生活习惯、信仰方面可能也是不同的。

民法上非物质文化遗产的所有权人是少数民族社区。一般情况下，体育非物质文化遗产传承人是民族群体所有成员中的一员，因精通某个体育项目的表演、传授等，且具有较大的影响力。可以明确的是，这些传承人是体育非物质文化遗产的掌握者、持有者、使用者，但绝不是该体育文化遗产的所有者。体育非物质文化遗产传承人拥有以下权利。

1. 传承权

"传承"一词是汉语词语中的新秀，"传"与"承"一般习惯于被分离

使用。其释义在《汉语大词典》《辞海》等大型词语工具书中也未能查询，只有《现代汉语词典》（1996 年版，商务印书馆）给予"传承"一词简单的释义：传授与继承。就此释义来看，体育非物质文化传承人的传承权又包含传授权和继承权。

传授权是指传承人有权利将自己掌握的体育的技术、技艺等传授给他人的权利，同时赋予传承人选择下一代传承人的权利。体育通过肢体动作语言表达其所蕴含的"民族精神内核"与"民族文化自觉"。传统民族体育项目的传承路径为"家族性传承"，传承人对下一代传承人的选择上首先考虑本民族社区的成员，以便更好地体现本民族的民族精神。但是为了体育更好地发展与振兴，传承人有权利选择本民族社区群体以外的、适宜的且具有一定天赋的人作为下一代传承人。"言传身授"是体育项目的传授方式，传承人有权利选择其认为有利于该项目更好地保存与发展的传授方式，如借助现代媒体技术将经典的项目套路等录制成影音资料或撰写成文字等方式。

继承权是指继承人依法享有取得被继承人遗产的权利，因继承权在民事权利中具有排他性，这种权利与继承人的主观意志相联系，可以行使接受或者放弃。此处要指出的是体育非物质文化传承人的继承权有异于一般的继承权，其特殊性体现在继承人无特殊情况不得自行行使放弃的权利。

2. 署名权

署名权是指表明作者身份的权利，这是当前国内非物质文化遗产传承人争夺的主要权利之一。体育是一种肢体语言，传承人在对其进行传承、表演与创新等活动过程中所产生的产品则存在署名权的归属问题。体育非物质文化遗产传承人的署名权可定性为在体育非物质文化遗产传承人的传承、表演等活动中或者以此活动为契机所产生的作品中，标明此项体育非物质文化遗产的来源或者出处，表明传承人的姓名及所在社区群体的情况。署名权是传承人的身份权，是对其行为的一种认可，因此体育非物质文化遗产传承人的署名权不可以转让或者买卖。

3. 改编权

改编权是著作权领域的基本权利，是作者修改自己作品或者赋予他人修改作品的权利。因为体育非物质文化遗产在很大程度上很难被定义为作品，其传承人并非体育的创作者，所以目前对于体育非物质文化遗产传承人是否拥有改编权存在较大争议。

传承人是创造体育的社区群体中的一员，他们是体育的持有者与掌握者，在一定范围内，适当程度的改编与创新有利于体育的保存与发展。体育非物质文化遗产的活态性决定了对其保护方式的灵活性与创新性。所以对传承人的改编权不应该由著作权领域相关规定给予限制，相反应鼓励传承人对体育进行积极的改编与创新，使现代文化恰当地融入体育的活态文明与民族精神中，以便形成适应现代社会的体育新面貌。

4. 表演者权

著作权领域的邻接权对表演者权进行了界定。表演者是指表演文学艺术作品的一切演员、歌唱家、演奏者、舞蹈家等，也指表演作品的人，而不包括运动员、马戏演员、魔术师等人，同时包括演员和演出单位。从概念来看，将体育非物质文化传承人归属到邻接权对表演者规定的范畴中可能有些牵强，但是与现代竞技体育的运动员不同，为了体育非物质文化遗产的传播与保护，传承人进行表演时，有权利要求自己表演的节目以及直播、转播、录制、复制其节目时按照惯例公布传承人的情况以表明身份，这是表演者的人身权。传承人拥有表演者的人身权，人身权具有严格的专属性，只能由表演者本身享有，不能转让与继承，且不受保护期限的限制。为了使表演更具观看性，体育表演项目中表演者对套路的编排、服饰的选择等付出了相应的劳动，因此取得相应报酬是理所应当的，即体育非物质文化传承人拥有表演者的财产权。

5. 获得资助权

为了体育非物质文化遗产的发展，国家有义务对其直接或者发展的传承人进行政策上与资金支持，以鼓励传承人对该体育项目的进一步弘扬与发展。体育的所有者是创造它的整个社区群体，这个群体有权利享受国家与社会给予的人力、物力以采取相应的行动来实施相应的保护与发展措施。对于体育的少数持有者，国家和社会应当给予更高的资金支持，给予相关的生活保障，以便传承人全身心地投入到体育的保护与传承中。

知识产权制度对于保护的权利主体具有一定的期限，体育非物质文化遗产是一种存在了上千年的文化，从知识产权的保护客体来看，这种文化属于公有领域，其权利主体也难以得到一般的知识产权制度的保护。用知识产权制度来保护体育非物质文化传承人的主体权利，不利于其可持续发展，因此对于体育非物质文化传承人的权利保护是一个持续的、长久的过程，不应设置有限的保护期限。

（二）体育非物质文化传承人的义务

权利的获得是以履行相应的义务为前提的，权利与义务并存，确保权利主体利益均衡。近年来随着我国非物质文化遗产保护逐渐受到重视，其保护体系逐步完善，国家与地方政府部门开展了传承人的评选，并相应的颁布了各个级别的传承人认定与管理规章制度，并对传承人的相关义务进行法律规定。非物质文化遗产代表性项目的代表性传承人应当履行下列义务：第一，开展传承活动，培养后继人才；第二，妥善保存相关的实物、资料；第三，配合文化主管部门和其他有关部门进行非物质文化遗产调查；第四，参与非物质文化遗产公益性宣传。

非物质文化遗产代表性项目的代表性传承人无正当理由不履行前款规定义务的，文化主管部门可以取消其代表性传承人资格，重新认定该项目的代表性传承人；丧失传承能力的，文化主管部门可以重新认定该项目的代表性传承人。

2008 年我国颁布并实施的《国家级非物质文化遗产项目代表性传承人认定与管理暂行办法》中对非物质文化遗产传承人的义务同样进行了规定，体育非物质文化传承人应尽的义务包括以下两点：

（1）在适当领域公开艺技，动员社会保护力量。"适当"即如果传承人所掌握的体育项目是家族性或者群体性的，那么此项体育项目可在这个群体社区内进行适当程度的表演、展览与研讨交流等，以便让这个群体中的其他成员充分熟悉与了解此项目。

（2）创新传承方式，培养传承人。传承对体育非物质文化传承人来说不仅是一项基本权利，也是其必须履行的义务。现代媒体技术的进步为体育非物质文化提供了新的传承方式，使其传承方式不再仅限于"言传身授"，传承人有义务将自己所掌握的体育项目进行拍摄与录制，制作成能够保存与传播的影音制品，以便新的传承人以最新的方式对体育项目进行学习与掌握。充分利用网络媒体，在全国范围内传播体育项目，让除了本社区以外的更多人员了解此项目。传承人在录制出版发行体育项目影音作品时，必须标明本项目的创造者即创造这个项目的民族。

体育非物质文化遗产是中华民族伟大文化瑰宝的一部分，是中华民族历史发展的见证，也是中华民族智慧与文明的结晶。体育通过独特的肢体语言对中华民族深奥的民族精神、文化价值等进行阐释。各级政府通过共同努力将民族传统非物质文化保护与传承工作走出低谷并逐步形成一套严密的保护体系。在体育保护的进程中，其传承人的认定与保护工作是不容忽视的重要环节，只有明确传承人的法律地位，赋予传承人相应的权利，才能激发他们对体育非物质文化遗产保护与传承工作的热情。

（三）体育非物质文化传承人的保护机制

1. 统一规划，加强组织机构建设

目前我国非物质文化遗产保护工作部际联席会议由文化和旅游部、发展改革委、教育部等部门组成。因此，建议各级体育行政部门设立专门机构，配备专业工作人员，统一规划，建立行之有效的管理措施和保护方案，联合文化和旅游部等相关部门，切实有效地做好体育非物质文化遗产及其传承人的保护与传承工作。

2. 科学认定，广泛开展普查工作

要想保护体育非物质文化遗产传承人，要广泛、有效地开展关于传承人的普查工作。我国各民族都有表现形式多样、内容丰富多彩的传统体育项目，对各类项目传承人的调查将是一个浩大的工程。因此，各级体育行政部门应组织专人进行专门调查，启动"中华体育非物质文化遗产传承人调查、认定、命名"项目，为保证该项目进行的科学性，可以委托民俗学、文化学等多学科专家共同参与调查、评定工作。

3. 建立档案，面向社会广泛宣传

对传统体育传承人进行调查，除传承人的基本信息外，对传承项目的名称、器具、内容或技艺、流传区域、传承谱系、传承人对该项目的创新和发展等信息应采用文字、图像、影像等方式以档案的形式完整地记录下来，建立我国体育非物质文化遗产数据库。国家体育总局可联合教育部、文化和旅游部共同编印相关资料，通过报纸杂志、广播媒体向学校、社会推介，使体育非物质文化遗产得到更广泛的宣传。

4. 加大投入，保障传承人的权利

加大对传承人的资金补助，是为了保证传承人无生活之忧，能够安心传承。但是，政府津贴的发放是根据国家、省、市、县四级政府对各级非物质文化遗产代表性传承人的认定结果，若想完全依靠政府财政支持不太实际。因此各级体育行政部门要多渠道筹措资金，加大对传承人的资金补助，如通过组建体育非物质文化遗产公益基金等方式。此外，政府应充分调动传统体育传承人的积极性，鼓励传承人大力开展传艺、讲学、出版著作、表演等活动，保障其获得经济收益。

5. 共同参与，为传承提供有力保障

对体育非物质文化遗产传承人的保护不能仅仅依靠体育行政部门的力量，更需要新闻媒体、学术界、商界人士以及社会团体的共同参与。作为传统体育传承人保护的决策者、组织者和统筹者，体育行政部门义不容辞；学术界应广泛开展学术研究，为传承人的保护提供理论基础；新闻媒体应利用舆论优势，对公众进行普及教育活动；社会团体及商界人士应在法律、资金等各个方面对传承人提供帮助。只有全社会共同参与，发挥各自优势，传承人开展传习活动才能持续、长久。

（四）体育非物质文化传承人的培养机制

在非物质文化遗产保护中，既重视抢救传承人，更要加强培养传习人，这样才能使非物质文化遗产得以可持续地"世代相传"下去。传承机制的一个方面是保护体育非物质文化遗产传承人，而传承机制的另一方面是加紧培养传习人，让非物质文化遗产项目的传承后继有人，这二者缺一不可。

在目前体育传习人流失严重的情况下，教育及体育行政部门应采取有效措施，帮助传承人有计划地选拔年轻的传习人，以老带新，并为传承活动提供必要的场地和器材设施。

传承人应培养传习人的创新意识。创新是传统文化在新时期得以持续发展的原动力，在传习过程中，传承人应鼓励和支持传习人在继承传统的基础上不断创新，丰富其内涵，使之与时代相适应。

全国各类民族院校、体育院系应重视体育学科建设，利用高校的资源优势，培养知识结构合理、训练能力强、管理能力出众的高素质人才，为我国体育传承与发展提供人才保证。

（五）体育非物质文化传承人的权利保障

对体育非物质文化遗产传承人权利的保障，关系到传承人开展传承活动的积极性，进而关系到该项目的顺利传承与可持续发展。主要应从以下两方面予以保护：

（1）立法保护。从立法层面对传承人的权利作出规定，这是最根本和最有效的手段。

（2）政府保障。在法律法规规定的同时，政府相关部门（体育、教育、文化和旅游部门等）要予以积极配合，落实鼓励和保障体育非物质文化遗产传承人开展传承活动的各项措施，解决传承过程中存在的各种问题，对作出突出贡献、极具社会影响力的传承人，应给予表彰奖励、授予名誉称号，以进一步提升他们的社会声望，调动他们的积极性。

对体育非物质文化遗产传承人保护、培养机制的多元构建，是现阶段我国体育学科领域一项新的课题，对它的重视与研究将直接影响到我国体育的未来发展。若要构建适合我国国情、具有较强操作性的体育非物质文化遗产传承人保护与培养机制，应从我国的实际情况出发，传承人、政府、社会各界共同努力，确保优秀的体育非物质文化遗产在祖国现代化建设中、向体育强国迈进的过程中，发挥应有的作用。

第六章 信息化背景下民族传统体育文化的发展探索

第一节 "互联网+"背景下传统体育文化的发展

目前，我们的发展环境正面临和经历着"互联网+"的时代。"互联网+"可以说是站在巨人肩膀的一次全新的突破，"互联网+"的出现，对国家社会民生方方面面产生了潜移默化的影响。

"互联网+"不单单是互联网和传统行业的简单相加得到的总和，对整个行业进行了一系列变革，并成为无处不在的提高效率的手段。"互联网+"带来的效率上的提升赋予了它们一种新的力量和变革再生能力。

"互联网+"时代的到来也给民族传统体育自身发展带来了重要而宝贵的新机遇——互联网行业本身可以给体育带来巨大的人流量和可观的利润。互联网平台自身具有效率高、成本低、发展广泛、交付准确等优势特点，以年轻人为主的大量人流观众为传统体育发展提供了新的人流量的优势起点，甚至给民族传统体育弯道超车提供了更多的可能性。

目前，新阶段下高速发展的"互联网+"带来的影响效果，同其他行业一般，将互联网新技术和民族传统体育的发展相结合起来，充分利用和挖掘互联网优势，形成"互联网+民族传统体育"的新发展模式，成为解决当前我国民族传统体育发展的一条必经之路。这对于"互联网+传统体育"发展理论的继承和丰富以及传统民族体育的发展模式都具有十分重要的意义。

一、"互联网+"与民族传统体育相关概念及基本理论

（一）相关概念阐释

1．"互联网+"

"互联网+"是"互联网+各个传统行业"，但这并不是简单的两者相

加，而是利用信息通信技术以及互联网平台为基础，让互联网与体育的分支行业或者民族传统体育的下属分支行业进行深度融合，创造新发展模式。

2."互联网+体育"发展模式

"互联网+体育"发展模式是指体育在互联网时代发展过程中通过对现有的发展模式进行论述分析，提炼其特点与互联网结合而形成的相对稳定的标准模式。

3."互联网+民族传统体育"发展模式

"互联网+民族传统体育"发展模式是指民族传统体育依托互联网在其发展过程中形成的相对稳定的标准模式。具体来讲，是指我国各民族、各地域的体育文化特征相互作用而形成相对稳定的组合状态和构成方式。其类型应是体育外显的形态特征，而模式则是体育内隐的结构形态，也包括了"互联网+民族传统体育"选择原则、内容上的构成、类型上的优缺点分析对比、具体实施路径和创新保障机制完整的模式系统。

（二）"互联网+民族传统体育"的理论基础——大数据

要研究"互联网+民族传统体育"发展模式，离不开相应的理论基础，那就是大数据理论基础。大数据理论最早是由全球知名咨询公司麦肯锡提出来的。大数据是以数据为本质新一代革命性的信息技术，能为相关涉及信息方面的领域提供核心支撑作用。

运用大数据是为了提高运动员的身体素质和运动精度。通过训练、备战、比赛、数据分析等一系列活动获得对应的数据处理，运动员可以实时反馈得到更好、更有效的训练。教练员还可以根据即时反馈的数据及时调整技战术上的策略和布局，进而提高运动员的技术和战术水平，并优化运动员的训练方法，提供运动成绩。

民族传统体育宣传的目的是提高人们对传统体育的兴趣，改变人们对民族传统体育的认识。与以往的宣传相比，大数据时代的宣传发生了很大的变化。主要有三个方面的变化：优化宣传渠道、准确的信息推送和即时互动。大数据可以实现精确的信息推送。所谓的精确推送意味着大数据推送的每一条信息都是人们所需要的信息。准确度也是基于搜索引擎产生的大量数据分析。根据微博、浏览器网络浏览、搜索行为、消费数据、社交媒体上的评论数量，根据民族传统体育爱好者的年龄、结构、兴趣等特点对这些关键词进行分类。通过对数据的综合处理分析，得出分析结果，并根据分析结果推导出民族传统体育爱好者的基本信息。

二、"互联网+民族传统体育"发展模式具体实施路径

（一）重视宣扬民族传统体育文化

国家要大力宣传民族传统体育文化，要引起全社会群众对民族传统体育文化的关注，要看到民族传统体育结合"互联网+"取得的一系列成果。国家也应成立专门民族传统体育文化保护小组，加大对民族传统体育后继人才物质和精神上的支持，给予专项资金的支持拨款，从业者也能获得一定的从业津贴。地方府也应该将当地带有民族传统体育特色的课程融入当地体育教学中去。只有国家从顶层设计上重视起来，"互联网+民族传统体育"才能发展得更好。

（二）重视民族传统体育大数据库建设

无论是哪一种发展模式，始终都离不开"互联网+"这个大背景，那就必然离不开"互联网+"的核心理论——大数据理论，随着时间的推移，民族传统体育的大数据库的内容也在日益丰富，所以国家体育总局也有必要建立专门的民族传统体育大数据库，便于民族传统体育的研究人员和爱好人员能及时获取民族传统体育相关的信息。

（三）重视复合型"互联网+民族传统体育"教学后备体育人才培养

"互联网+民族传统体育"发展模式同样离不开人的发展。在开设传统民族体育专业的各大院校中，综合性院校和师范院校开设传统民族体育专业尤为广泛，专业主要是学习开展武术、传统体育养生和民族民间体育活动。我国部分高校民族传统体育专业应克服传统民族体育课程和教学内容的不足，增加专门内容，突出特色，提高选修课比例，使课程设计与社会知识和人才结构相适应。

互联网是科技应用的巨大飞跃的时代。互联网的使用对人们的操作使用提出了更高的要求。它不仅要求用户对"互联网+"技术有深刻的理解和熟练掌握，还要求用户能快速有效地从互联网上提取有用的信息，对信息

进行组织、分类、存储和使用，为其研究奠定坚实的数据基础支持。

要培养双层次的传统体育人才，应根据我国民族体育的发展，制定相应人才培养计划。完善民族传统体育人才评价体系，优秀传统体育人才应具备扎实的专业知识基础、突出的管理自我能力和实践能力。随着时代的快速发展，解决民族传统体育人才知识更新的落后问题势在必行。建立民族传统体育人才培养机构也是十分必要的。可以建立国家和地区性的非政府体育培训机构。在人才培养方面，要结合当前国家体育的实际工作，确定实际有针对性的培养内容，重点培养地方人才。

建立"互联网+"国家体育专业。鼓励高校和研究机构根据实际情况确定研究方向和利用资源，有利于促进国家体育事业的发展，为社会输出高素质的专业人才。高校也可以根据形势和人员发展的需求，打造一个"互联网+民族传统体育"专家群体，开展长期的后续研究与保护，投入专门的资金保障，真正促进理论与实践相结合，将最新"互联网+"理论应用于民族传统体育的实践中去。

三、"互联网+民族传统体育"未来发展趋势特征

随着上述"互联网+"体育发展模式的出现与发展，新的组合模式也在不断涌现，表现为以可穿戴设备同"互联网+"体育软件融合引领体育科技、大数据精准切入用户对体育需求和体育人工智能等发展趋势特征。

（一）可穿戴设备同"互联网+"体育软件融合引领体育科技

随着人类对体育产品的消费需求不断升级，运动手环、心率表等运动装备的功能也日益趋于完善。以前，这些设备的功能主要局限于记录步数和心率，然而，随着技术的不断进步和完善，功能更为丰富多样的穿戴设备逐渐出现。仅仅依靠先进的可穿戴设备本身还无法实现体育与互联网的有效融合，为了充分发挥这些设备在运动健康管理、数据分析等方面的潜力，还需要建设起与之相配套的"互联网+"信息平台，通过这一平台，可以进一步整合数据资源，提供更加个性化、智能化的运动健康服务，真正实现体育与互联网的深度融合。

（二）大数据精准切入用户对体育需求痛点

大数据为用户提供了前所未有的空间和潜力，以提供更深入、更全面

的体育见解。通过使用大数据和相关技术，可以针对目标用户的体育行为特征，进行个性化的精准营销。大数据时代的精准营销是指通过大数据、行为偏好以及不同对象的不同营销来获取对象偏好。大数据精准营销的核心简单来讲可以概括为几个关键词：用户、需求、认知和体验。未来，大数据将在"互联网+"体育应用中发挥越来越重要的作用，并将得到更广泛的应用。

大数据可以说是"互联网+"的核心所在，它是"互联网+"的生命源泉，每一个细小的数据点点滴滴汇成了"互联网+"的汪洋大海，正是大数据的所在，产品经理抓住用户在体育上面的痛点需求，将一个个完美的程序设计了出来，"互联网+"最强的魅力就是通过大数据了解人类的需求，也进一步促进人类全面的发展和提升。

（三）体育人工智促进人们参与体育

随着科技的进步，人类设计出的人工智能作品能更好地服务于人们的生活。人工智能能够更好地服务于人类，突出"人"的主体地位，使人们的生活便捷、舒适，进一步解放生产力。体育的作用不仅是让人类的身体得到锻炼，而且是促进人类心理（包括认知）、精神乃至社会整体的健康发展。人类能跟机器人进行同台竞技，人类在体育智能机器人的帮助下能更愉快地参与到运动中。

第二节 新媒体环境下民族传统体育文化的传承创新

新媒体，也叫新兴媒体，是一个相对的概念，是相对于报纸、杂志、广播、电视等"旧"媒体而言的新的媒体形态，包括网络媒体、手机媒体、数字电视等。从广泛的角度看，利用数字技术、网络技术，通过互联网、宽带局域网、无线通信网、卫星等渠道，以及电脑、手机、数字电视机等终端，向用户提供信息和娱乐服务的传播形态，都可以纳入新媒体的范畴。所有这些媒体形态，都具有交互性与即时性、海量性与共享性、多媒体与超文本、个性化与社会化等共同的特点。从革新的角度看，技术上革新、形式上革新和理念上革新，都可以成为称其为"新媒体"。不过，从更根本的角度看，只有综合形式、技术和理念的革新，并以理念革新为核心，才是具备普遍意义的新媒体。

新媒体的出现为民族传统体育文化的发展带来了机会。网络技术覆盖世界各个角落，各种信息以图片、视频和文字等方式通过网络向世界各国人民推送，无论身处何地，也能做到足不出户而晓天下事，民族传统体育文化可通过此途径进行推广传播。

一、民族传统体育新媒体传承创新的构想

（一）新媒体环境下民族传统体育传承创新的内容

新媒体环境下民族传统体育传承的内容构建，是整个传承创新的基础。具体而言，新媒体环境下民族传统体育传承的内容构建，主要涉及传承内容的选择原则和传承内容的基本构成两个方面。

1. 新媒体传承内容的选择原则

如果说新媒体环境下民族传统体育传承的内容构建，是整个创新的基础，那么新媒体传承内容的选择原则则是整个创新基础的导向。总体来看，新媒体环境下民族传统体育传承创新内容，必须坚持正确性、科学性、人文性和有效性四大原则。

（1）正确性原则。所谓正确性原则，也即坚持正确的政治导向。要建设社会主义文化强国，增强国家文化软实力，必须坚持社会主义先进文化前进方向，坚持中国特色社会主义文化发展道路，培育和践行社会主义核心价值观，巩固全党全国各族人民团结奋斗的共同思想基础。为此，要紧紧围绕建设社会主义核心价值体系、社会主义文化强国的要求，积极地选择一批能够服务深化文化体制改革、加快完善文化管理体制和文化生产经营机制、建立健全现代公共文化服务体系、现代文化市场体系，推动社会主义文化大发展大繁荣的民族传统体育项目和文化，使之得到良好的传承和长足的发展。

（2）科学性原则。所谓科学性原则，也即坚持科学的技术和现代的伦理。一方面，新媒体是一种基于网络化、信息化的新式媒体，具有自身发展和创新的特点。其中，高度的智能移动性和社会网络性，使之在信息文化传播方面，较之于传统媒体，有更深刻、更深远的影响。另一方面，中

华民族传统体育文化因民族多样、地域广阔，有着鲜明的民族性和地方性特点，所承载的传统文化与精神存在一些与现代社会的发展不适应的地方。。

为此，要基于科学的技术，以现代的伦理甄别一批适合新媒体传承创新的民族传统体育文化，使之得以发扬光大，而不是把所有的民族传统体育文化，不加甄别、不做选择地通过网络化、信息化的科学科技渠道，传播与现代伦理相悖或冲突的传统文化，从而不利于社会主义先进文化的繁荣与发展。

（3）人文性原则。所谓人文性原则，即坚持以人文精神为核心与主旨，坚持人文体育。从根本上说，这是一种文明、理性、以人为本的体育，并主动表现为体育对人类生存意义和生活价值的终极关切。因此，文化的传承与创新归根到底都需要坚持"以人为本"的理念。中华民族传统体育文化的重艺术、重意境的特点，从根本上说，有助于人文精神的保存、传承与发展。

（4）有效性原则。所谓有效性原则，即有机地把正确的政治导向、科学的体育传播技术、人文的体育精神有机地结合起来，使之形成一个均衡、协调的整体，进而有效地传承与发展。如果忽视了民族传统体育自身的地方民族性与历史传统性，就会使某些民族传统体育的生存生态恶化，而且还会破坏传统文化自身的生存特点与发展规律，扰乱整个民族传统体育的发展轨迹。同样，如果只坚持正确的政治导向和科学的传播技术，而忽视了民族传统体育的人文精神，其不良后果将是难以估量的。

2．新媒体传承内容的基本构成

体育文化体现在各个层面。其中，物质层面、制度层面和精神层面又最为突出，最能体现体育文化背后的民族性与传统性。因此，可以将新媒体环境下民族传统体育传承创新的内容，主要着眼于物质、制度和精神三个层面。

（1）物质层面的内容。体育文化的物质层面，主要涉及开展和保障体育运动所需的各种设备、装备、器械、场所、场地等，这些内容对所有体育，包括民族传统体育而言都是最基础的，也最根本的。因此，从物质层面对民族传统体育的内容进行选择的时候，既需要依照一般体育活动应有的物质层面的需求，也需要结合民族传统体育的具体物质要求，有针对性地加以选择和确认，在此基础上进行维护、保障和发展，使之不断得以完善。

（2）制度层面的内容。体育文化的制度层面，主要涉及开展和保障体育运动所涉及的项目、类别、动作，以及运动员、裁判员、仲裁员和有关人员规则规范的法律法规，这些制度性内容的制订和完善，对体育运动的有效展开，起到规范作用。从更深层次来看，这些制度的制订和实施，也是体育运动的安全性、公平性、公正性等价值追求和价值实现的基础保障。不同项目、不同类别，往往需要有不同的制度，因此，制度体系的完善性至关重要。

（3）精神层面的内容。不同于体育文化在物质层面和制度层面的继承的直线性，精神层面的体育文化的继承要显得较为曲折。体育器械、体育设备、运动装备、运动场所等物质条件，运动项目、运作动作、动作规则、体育法规等制度内容，都可以有较清晰的判别，尽管也会涉及争论，但是终究可以直线发展，随着时间的推移而自然增长和逐步发展。但涉及价值、思想、伦理等内容，体育文化的精神层面却很难类似地发展。因为，体育文化的精神层面深受一定社会的政治、经济、文化等因素发展的影响，存在着多方发展、多方博弈和取舍的过程。

如果物质内容、制度内容和精神内容等得以完善与协调，那么各个种类、各个民族的民族传统体育的传承，不管是竞技性民族传统体育，还是非竞技性民族传统体育，它们通过新媒体的形式得以创新，也就有了较为坚实的基本保障。

（二）新媒体环境下民族传统体育传承创新的路径

确定了新媒体环境下民族传统体育传承的基本内容，关键的一步还在于选择恰当的路径，确保新媒体传承创新真正发挥实效。总体来看，新媒体环境下民族传统体育传承的路径选择，最根本的在于传承的形式和传承的介质。

1. 新媒体传承内容的主要形式

在传播内容既定的情况下，传播形式的策划和选择，就变得极为关键。可以说，传播形式的好坏，直接关系传播受众对传播内容的了解、理解与认可与否，以及了解、理解与认可的程度。因此，我们必须有针对性地，就不同内容的民族传统体育活动与文化，配以与之相适宜的传播形式。

（1）基于网络化和移动化的电视平台，不仅可以通过各级卫星电视和地方电视台的各类新闻频道、体育频道，而且还可以通过各类综艺频道，传播和展现民族传统体育赛事、活动和文化，使民族传统体育的受众得以超越既定人群、既定地区，影响范围更广的群体，达到更深入、更深刻、更先进的文化传播与文化交流的目的，为民族传统体育的传承创造更好的社会环境和学习条件。

（2）通过制作各种以民族传统体育为主题的电影、电视、话剧、歌剧等艺术表演形式，举办或录制各种民族传统体育赛事，举行形式多样的民族传统体育旅游节、民族传统体育艺术展，并通过各种智能移动终端和社会化新媒体，对它们进行实时传播、即时传播和循环传播，从而达到记录、传播和展现民族传统体育活动和文化的目的，为民族传统体育的传承和发展奠定坚实的物质基础，弘扬更深远的文化精神。

（3）基于网络化和移动化的各类新媒体，可以鼓励各种官方的或非官方的，组织性或个人的，对各类民族传统体育文化进行专门记录、生活记录或档案记录，通过各种新闻、文化、社交、游戏等信息平台进行传播，使之得以通过图片、文字、图形、影像、音频等各种单独或综合形式记录和保存下来的同时，也从各个侧面展现不同民族传统体育活动和文化的精神、价值、理念，从而实现民族传统体育多样化的传承、多样化的交流，以及由此可能带来的多样化的创新。

2. 新媒体传承内容的主要介质

除了需要有良好的、多样化的表现形式，新媒体环境下民族传统体育活动和文化的传播，最终还是要落实到具体的、最后环节的传播介质上。实际上，最后环节的传播，将进一步确定所有前述各种传播形式的实际受众和实际影响。

（1）各类新媒体本身就构成一种传播介质。最突出的表现，莫过于各种智能化移动终端，比如各类现代交通工具上的移动电视、各种智能手机、平板电脑、电子书等。当然，各种智能化的非移动终端，也可以构成具有强大传播效应的介质。比如，"三网合一"后的家庭电视、公共场所的大荧屏、电影屏幕，都可以成为新媒体环境下民族传统体育活动和文化传播的重要介质，这些重要介质的受众兼具居住性、流动性，在时间和空间上存在较大的叠加，其效果并不亚于各种智能化移动终端。

（2）蕴含在同一新媒体介质当中，各种具体形式的传播应用。其中，最为鲜明的莫过于各种社会化新媒体的应用，比如微博、微信等即时通信应用，网络游戏等游戏应用等。即时通信应用的全球即时共享功能，可以最快捷、最广泛、最深远地将所承载的各类信息传播出去，从而可以刺激或唤起受众的注意，并引发无限循环的传播。将民族传统体育转化为各种娱乐化、智力化的游戏项目，也是一种不失可行的创新。

当然，无论是即时通信应用，还是娱乐应用、游戏应用，这些应用媒介使民族传统体育传播的受众，从根本性地超越了传统的时空限制。

（三）新媒体环境下民族传统体育传承创新的实施

在明确新媒体环境下民族传统体育传承的内容构建和路径选择的基础上，这一传承创新的持久动力，将有赖于更具操作性的实施模式。这种实施模式，将不仅要慎重和有效地考虑新媒体环境下民族传统体育传承潜在和现实的影响因素，而且需要为此建构起一个完整的实施环节。唯有这样，新媒体环境下民族传统体育的传承才有可能，在新的传播生态下的持续创新才有可能。

1. 新媒体传承创新的主要影响因素

在新媒体环境下，民族传统体育的传承创新，需要切实考虑各种影响因素。除了新媒体的技术应用和传播因素、新媒体的技术应用与传播本身，还需考虑来自经济、文化和社会三个方面的影响因素。

（1）经济影响因素。所谓经济影响因素，主要是如何看待和处理新媒体环境下体育产业的问题。对于体育产业，人们有不同的理解，有的理解为一种体育部门管理下的体育事业，有的理解为能够进入市场进行商业化运作的产业，有的理解为不仅包括一般的体育经营活动，而且还包括与商业体育运动直接相关的一切生产经营活动。也有人把体育产业视为一种特殊消费品的产业部门，向社会提供体育服务。在新媒体环境下，民族传统体育活动和文化将会像其他生产和消费一样，遵循商品运行的一般规律，因而不可避免地要考虑经济投入和产出，考虑潜在和现实的经济收益。

（2）文化影响因素。体育文化作为一种大众文化，通过新媒体进行大众传播，必然会受到一般的大众传播文化的影响。具体而言，就是大众文化传播的主体和受众的互动、大众传媒与商业组织的整合，以及由此导致的组织、人际、语言、非语言等多种形式的整合和联系。民族传统体育文化作为一种特殊的文化形式，必然会与其他文化存在互动、交流乃至竞争关系。如何妥善处理文化之间正常有序的互动、交流与竞争关系，如何在大众文化传播形式下得以有效的传播、继承和发展，都是新媒体环境下民族传统体育传承创新需要认真正视的重大问题。

（3）社会影响因素。无论是家族、村屯，还是血缘、非血缘等传承和传播，传播对体育都起着决定性的意义。体育本身就是一种传播行为。从本质上看，传播就是一种社会关系。因此，体育活动和文化本身，也是一种特殊的人类社会关系。在不同历史时期，不同地区、不同民族的社会形态、社会结构各不相同，但是无论是宏观上的体育文化、体育精神，还是微观层面的体育活动形式、方法规则、技术技巧，或者与之相关的教育、训练、比赛、新闻、策划、广告、宣传等，无一不是在特定社会环境下的产物，具有强烈而鲜明的社会性。新媒体环境下，体育活动和体育文化的社会化特征变得更加突出。

总之，在不断优化新媒体环境下新媒体技术应用的同时，在经济、文化和社会三大影响因素之间，民族传统体育传承创新总的原则是：坚持以人民为中心的工作导向，坚持把社会效益放在首位、社会效益和经济效益相统一，积极探索如何将社会效益和经济效益相统一的路径、模式和方式、方法。其中，健全坚持正确舆论导向的体制机制，又具有先导性的政治意义。只有这样，一个规范、有序的民族传统体育的传播生态，才有可能得到切实的保障。

2. 新媒体传承创新的完整实施环节

在切实考虑和处理新媒体环境下，民族传统体育传承创新的主要影响因素的情况下，构建一个更为微观的实施环境，就具有更直接、更能动的意义。如前所述，体育文化是大众文化的一种。因此，民族传统体育文化的在新媒体环境下的传播，必定仍然需要遵循大众文化传播的一般规律。这一传播的实施环节，可以划分为传播者、传播内容、传播渠道、传播对象和传播效果等五个方面。依据新媒体环境的特点，分别论述如下：

（1）传播者。在新媒体环境下，信息传播的传播者不再具有传统媒体所有的固定化、单向度、中心化的特点，而是呈现去中心化、网络化、互动化的特点，这一新的传播结构意味着人人都可以成为信息的传播者。越是权威的传播者，又越是具有其他传播者所不及的能量。就信息的来源组织而言，既有可能是官方组织，也有可能是非官方组织；既有可能是系统组织，也有可能是个体组织。就传播者的背景而言，社交化、娱乐化无疑是它们最大的共性，这种共性在新媒体的移动化和智能化优势的推动下，又会形成范围更广、影响更大的叠加效应，信息传播与控制的难度也随之增大。为此，与其控制和治理传播者本身，传播内容和传播渠道的程序、介质治理，将会变得更为可取、有效。

（2）传播内容。在新媒体环境下，民族传统体育的传播内容，仍然主要是物质层面、制度层面和精神层面的各类活动和文化。按照传播的内容分析和抽样调查，民族传统体育的物质内容、制度内容和精神内容，将是最为主要的三大内容。在通过新媒体进行传播的过程中，传播内容的控制和治理可以聚焦在物质、制度和精神的分类与整合方面，有针对性地进行传播和传播治理。

（3）传播渠道。新媒体作为一种有别于传统媒体的新兴媒体，它们的传播特性，对于民族传统体育的传播与传承，具有传统媒体所难以企及的广度、深度和厚度。在传播对象和传播效果上，新媒体的对象面和效果性，也远非传统媒体所能企及。具体而言，新媒体的传播渠道，一是各种智能移动化网络终端，二是这些终端载体内各种智能应用软件，不仅具有完全整合图片、图形、文字、影像、音频等信息形式的强大功能，而且使传播者和受众都具有高度的自主选择性，因而呈现高度的个性化和社交化。

此外，新媒体下的传播渠道，还使信息传播者和信息接收者之间形成密集、即时的互动，使传播的扩散、模仿与创新的"三位一体"成为可能。当然，这种模式，主要取决于传播对象和传播效果的实际程度。

（4）传播对象。新媒体环境下，传播对象的特点、需求、能力和意图等因素，都与传统媒体有实质性差异。比如新媒体环境下的传播对象，具有高度的社交性、个体性，了解或熟悉网络化、信息化的环境和技术，有高度个性化的服务需求，具备强大的搜索、发起、征求和供给能力，参与和应用新媒体传播的目的，除了满足一般信息了解的目标，还有经济性、社交性、娱乐性等各种目标，形成不同的网络社区和网络空间，并在不同社区和空间之间进行互动。这些传播对象的互动，客观上使信息的传播也随之发生相应的互动，形成各种复杂的叠加与冲撞。

（5）传播效果。像所有其他文化信息一样，民族传统体育文化在新媒体环境下的传播，其传播效果不仅取决于什么样的传播者、传播内容、传播渠道和传播对象，而且还取决于传播内容背后的文化态度、文化价值和文化行为的效果。在新媒体环境下，标新立异、个性化等传播生态，又在很大程度上影响着民族传统体育文化的传播效果。因此，民族传统体育的新媒体传播及其效果，必须有意识地避免被恶意炒作"捆绑"的情况，并在此基础上，使民族性、传统性的一面最大化，通过新媒体环境下最喜闻乐见的方式、方法呈现出来，以达到传播效果的最大化，从而使民族传统体育文化具有积极的态度、正确的价值观和规范的文化行为，产生积极的影响，得到良好的传播。

总体来看，新媒体环境下民族传统体育的传承创新，良好的实施环境需要对传播者、传播内容、传播渠道、传播对象和传播效果进行精准的把控，了解和掌握每一个环境的特点和需求，有针对性地加以整合，使民族传统体育的独特魅力得以最大化地展现，在实现新形式、新介质的继承和传播的同时，也为潜在的创新和发展，创造新的环境和条件。

二、民族传统体育新媒体传承创新的保障机制

就新媒体的大众传播而言，文化传承创新的保障无疑就是新媒体传播治理水平、治理能力和治理效果。正是从这个角度说，保障机制是民族传统体育新媒体传承创新的保证。

总体上看，为满足且体现新媒体环境下民族传统体育传承创新所需的智能化、社会化和现代化理念，一系列保障机制必不可少。具体而言，这个保障机制应该涵盖三部分：一是民族传统体育新媒体传承创新的领导机制；二是民族传统体育新媒体传承创新的组织机制；三是民族传统体育新媒体传承创新的评价机制。

（一）民族传统体育新媒体传承创新的领导机制

一个完整、有效的领导机制应该是具体的，而非抽象的、孤立的，必定需要结合具体的组织、个人并形成一定的体系，它们之间的关系需要通过一定的架构。只有这样，领导机制之间的分工、合作才能正常、有序、合理。在民族传统体育新媒体传承创新的领导机制方面，具体的领导流程，

需要有相应的领导或领导小组加以统筹。由于是一种信息、体育和文化的综合体，领导体制至少应该包括体育教育部门、信息网络部门、文化服务部门，这些中层各职能领导除了负责本组织机构的领导情况外，还需要与其他中层领导体制的就民族传统体育传承创新的组织、管理、监督、评价和反馈等具体内容，进行沟通、协调与协作，同时向全国信息与网络化领导小组要及时汇报和请示。基层领导体制，则由中层领导体制下在各省、市、区垂直部门体系内部设置。为了节约成本、提高效率，基层领导体制的设置与运行，可以有更大的自由度和灵活性。

1. 新媒体传承创新的领导原则

领导原则属于领导力的一项重要内容，与领导权威、领导风格、领导技术、领导能力等共同塑造着领导力。具体到新媒体环境下民族传统体育的传承创新，有关的领导原则应包括以下四个方面：

（1）公正原则。最高层、中层和基层领导需要就整个中华民族传统文化的传承创新、国家软实力的建设与发展，在选择民族传统体育文化进行新媒体传承创新的过程中，在每一个环节都把握好公正关。无论是内容选择、路径选择、实施环节，还是传播内容、传播渠道、传播效果，抑或物质层面、制度层面、精神层面，各级领导都需要坚持公正原则。

（2）公平原则。不管是对民族传统体育内容本身，还是对新媒体的传播应用，在确定民族传统体育的内容选择、行为导向，以及新媒体传播的传播内容、传播渠道、传播效果的测定、监督、评价等方面，都需要坚持公平原则，而不能出现各种有失公平的偏私。

此外，公平原则还意味着领导层需要把整个中国文化利益和国家软实力的建设和发展，置于某个民族、某个地区、某类新媒体之上，始终做到整体利益第一位、部门和地区利益其次。只有确立这样的优先顺序，才能克服狭隘的民族主义、部门主义的干扰。

（3）平等原则。就是各级领导需要重视和鼓励各民族、各地区的广泛参与，与各种新媒体展开密切、持续的合作，共同参与制定民族传统体育传播、传承的新方式、新方法。各级领导在制定传承创新目标的过程中，让各民族、各地区、各新媒体都能够平等、充分地发表意见、提出建议，尽可能把它们综合反映到最终的决定和政策当中，以平衡、协调好各方的意愿和利益。只有这样，才能顺利确定有关的目标，确定下来的目标才会获得良好的群众基础，才能得以执行。

（4）协作原则。民族传统体育传播是一项综合的系统工程，并非某一民族、某一地区、某一体育、某一部门、某一媒体的事情，而是各民族、各地方、各体育、各部门、各媒体之间通力协作的、持续循环的动态过程。因此，各级领导除了在行使各类领导权威以确保决策和政策的同时，还需要在日常工作中，在内容选择、路径选择、实施环节等各个方面，使相关的部门保持密切沟通、协调和合作。

2. 新媒体传承创新的领导机制

在管理和领导新媒体环境下民族传统体育传承创新的过程中，各级领导机制的范围要依据自身具有的功能，以及这些功能的发挥需要进行的协调而划定，而随意不能超越既有的管理权限。

因此，各层领导需要结合具体的时段划定、协调好自己的领导范围，而不能把领导视为主导甚至独立领导。在新媒体传播方面，上级领导层应该在传播渠道、传播效果和传播对象方面，大胆地向市场机制"授权"，由市场发挥决定性的基础作用，并鼓励社会进行广泛的监督。而在民族传统体育内容选择上，各级领导也要认真倾听、接受各民族、各地区的意愿，有效平衡和处理各民族、各地区的歧见乃至矛盾和冲突。

在一定的领导原则和一定的领导范围下，民族传统体育新媒体传承创新的领导程序需要结合整个流程的顺序加以确定和落实。具体而言，各级领导层主要就民族传统体育和新媒体传播两大业务的分别展开、协调整合，做具体的分工与合作。如，在事关全国性的传统文化传承创新的问题上，最高领导层负有召集、拟定、协调、责成等各项权责。在事关各省级民族传统体育传承创新的问题上，中层领导层担负组织、计划、审议、汇总和协调等各项权责，遵行汇总、审议、申报、反馈、协商等程序。在具体类别的民族传统体育传承创新方面，各基层领导负有组织、动员、初评、申报等各项权责，采取各种各样灵活的管理方式。在传媒问题上，各级领导层的分工协作要相对简单和明确，可采取一般信息和网络管理的模式，有层级、有分类和有序列地进行领导管理。

（二）民族传统体育新媒体传承创新的组织机制

在一定的领导机制下，各种具体的职能型组织结构，对新媒体环境下民族传统体育的传承创新，具有直接相关的能动和规范作用。按照结构—功能主义理论，任何一种组织都会有自己的结构，都会有相似的组织功能。因此，民族传统体育新媒体传承的组织机构，不仅需要有恰当的组织原则，而且还需要有相应的组织体系，使各组织形成完备的结构，使之发挥应有的组织功能。

在新媒体环境下，民族传统体育传承创新的组织体系存在两个层面的含义：一是指一般组织结构中领导、管理、监督、评价之间的关系；二是指民族传统体育指涉的体育教育、文化传播、民族信仰、信息网络等职能部门之间的关系。

（1）领导、管理、监督、评价之间的组织关系。在民族传统体育新媒体传承创新领域，领导机制主要负责文化体制机制创新的总目标、新媒体等信息网络建设和发展的总目标；管理机制主要负责民族传统体育文化和新媒体建设和发展，以及民族传统体育的新媒体传承创新各项目标的实现，各项活动的规划、组织、协调和管理；监督机制主要涉及民族传统体育新媒体传承创新的涉及的各项目标、计划、活动、过程等监督，以及各项人、财、物、事及其联系进行监督，确保各项领导原则、组织原则和评价原则的实现。评价机制主要为了使领导机制、组织机制、监督机制正常运作、不断改善，为各项原则的实现创造更好的环境和条件，提供有价值的智力支持。

（2）体育教育、文化传播、民族信仰信息网络等职能部门之间的组织关系。民族传统体育新媒体传承主要涉及体育文化领域和信息传播领域。就体育文化领域而言，体育行政部门、体育教育部门、文化管理部门、文化教育部门、民族事务部门，无疑是民族传统体育事业和产业直接相关的职能部门，需要紧紧围绕民族性、传统性、体育性三大关键词展开有效沟通与协作。

就信息传播领域而言，网络管理、信息管理、传播管理、出版管理、科技管理等职能部门，无疑是新媒体信息传播最直接相关的职能部门，需要紧紧围绕网络化、信息化的新闻出版、广播、电影、电视等展开有效沟通和协作。与此同时，作为体育文化与信息传播交叉的新兴事物，特别是既有民族传统体育的传统性，又有新媒体的现代性，民族传统体育的新媒体传承创新，必然需要在更好地服务和发展体育传播事业和产业，在组织联系、组织协调与组织合作等方面，明确权责、有效分工、有力协作，为致力于社会主义文化强国和国家文化软实力建设与发展的战略目标作出切实贡献。

（3）为了更好地实现一般性对外文化交流"政府主导、企业主体、市场运作、社会参与"的传播与开发战略格局，并有机结合民族传统体育特有的民族性、传统性，使潜藏于民族传统体育当中的科学性、人文性得到继承、彰显、发展与创新，使有关的文化价值和文化功能－教育与培养功能、聚合与凝结功能、调节与引导功能、稳定与发展功能、传承与塑造功能最大程度地发挥出来，纵向的领导、管理、监督、评价组织体系之间，横向的体育文化与文化传播领域各职能部门之间，以及纵向与横向组织体系之间，也需要形成有机的相互嵌入与有效协调。这样，民族传统体育文化的价值与功能，才能最大化地通过最有效的新媒体传播，向最广泛的社会群体展现出来，凝聚中华民族的团结、和谐与自信，夯实并通过对外文化交流的竞争力与自信心。

（三）民族传统体育新媒体传承创新的评价机制

在构建现代公共文化服务体系的过程中，必须建立群众评价和反馈机制，推动文化惠民项目与群众文化需求有效对接。民族传统体育文化作为一种历史悠久的群众文化，也需要建立一个能够恰当反映民族传统体育新媒体传承的评价机制。

1. 新媒体传承创新的评价原则

（1）创新性原则。既然致力于在新媒体环境下民族传统体育传承的创新，那么对于它的评价，最为突出的原则，莫过于创新性原则。如果不以创新为目标，缺乏创新性能力，没有取得创新性效果，那么新媒体环境下民族传统体育的传承创新，就不能称其为创新。新媒体环境下各类民族传统体育的传播，要纳入传承创新的范畴，得到公正、公平的评价，必须首先符合创新性的原则要求。从文化传播的角度看，在创新性原则下，创新体系、创新能力和创新效果，构成新媒体环境下民族传统体育传承创新的三大指标。

（2）现代化原则。从本质上说，民族传统体育新媒体传承创新的评价，实际就是一种治理。在全面深化改革战略要求下，治理体系与治理能力现代化已经成为我国各项事业发展与创新的重要准绳。因此，民族传统体育新媒体传承创新的评价机制，最为关键的实际就是治理体系与治理能力现代化。文化体制机制的改革创新、社会事业改革创新，都必须符合治理现代化。民族传统体育在新媒体环境下实现传承体制机制创新，是否符合现代化的要求，将是一项十分重要的评价原则。

（3）法治化原则。民族传统体育在新媒体环境下的传承创新，必须坚持法治化的原则，把法治精神、法治理念贯穿到整个创新活动的全过程。具体而言，就是必须保证人民在党的领导下，依照法律规定，通过各种途径、形式的体育文化事务和信息传播事务，管理体育文化和经济文化事业。

（4）竞争性原则。民族传统体育文化产业作为体育文化产业的一种，具有鲜明的公共服务特征。民族传统体育的新媒体传播企业，既有一般经营性企业的特点，又具有公益性企业的要素。因此，在对新媒体环境下民族传统体育传承创新进行评价时，在考虑创新性、现代化和法治化的同时，还需把竞争性纳入进来。

2. 新媒体传承创新的评价指标

按照创新性、现代化、法治化和竞争性四大原则，新媒体环境下民族传统体育传承创新的评价指标，必须严格符合这些原则的内在要求。实际上，每一个原则本身，就是新媒体环境下民族传统体育传承创新的一级评价指标。

在每一项原则下，可以细分各类二级指标。按照创新性原则，创新体系、创新能力和创新效果是构成新媒体环境下民族传统体育传承创新的三项二级指标。按照现代化原则，治理体系、治理能力和治理效果是新媒体环境下民族传统体育传承创新的三项二级指标。按照法治化原则，行业法律、职业法规、依法行政、依法执法、公正司法是新媒体环境下民族传统体育传承创新的五项二级指标。按照竞争性原则，开放性、平等性、规范和有序新媒体环境下民族传统体育传承创新的四项二级指标。

新媒体环境下民族传统体育传承创新法治化评价指标，具有特殊重要的意义。完善文化管理体制、健全坚持正确舆论导向的体制机制，是一项关系切实推进文化体制机制创新，为实现"建设社会主义文化强国，增强国家文化软实力"的战略目标的政治任务。因此，要贯彻落实法治化的要求，健全基础管理、内容管理、行业管理以及网络违法犯罪防范和打击等工作联动机制，健全网络突发事件处置机制，形成正面引导和依法管理相结合的网络舆论工作格局。

通过法治化的建设，新闻媒体资源的整合才能有序竞争，新媒体才能有效地传统媒体融合发展，借此为新媒体环境下民族传统体育的传承创新创造良好的法治环境。此外，推动新闻发布制度化、严格新闻工作者职业资格制度，重视新媒体的运用和管理、规范传播秩序，才能更好地激发文化创造活力、保障人民基本文化权益。制定各种公共文化服务保障法，可以促进基本公共文化服务的标准化、均等化，促进良性和有效竞争。制定文化产业促进法，可以把行之有效的文化经济政策法定化，健全促进社会效益和经济效益有机统一的制度规范。加强互联网领域的立法，可以完善网络信息服务、网络安全保护、网络社会管理，使各类网络行为得到依法规范。

第三节　全民健身与民族传统体育文化的和谐互动

中华文化博大精深，在漫长的历史文化长河中所流淌的民族传统体育，蕴含着华夏文化精神内核，承载着祖辈的传承记忆，时至今日，依然光华夺目、熠熠生辉。民族传统体育不仅是"活态人文遗产"，更是维护中华文化特质以及推动民族自信、文化自信的重要内容。全民健身计划是保障全民健康的重要途径和手段，是新时期"健康中国"行动的重要举措。在此背景之下，总结以往全民健身与民族传统体育和谐发展的历程，挖掘二者的内在关系，发现其中存在的问题并提出相应的解决方案便尤为重要。

一、民族传统体育与全民健身事业的内在关系

（一）民族传统体育发展是全民健身计划演进的主线逻辑

《全民健身计划（2011—2015年）》要求从建立基层少数民族体育组织、少数民族传统体育项目培训基地和少数民族传统体育项目之乡，培养少数民族体育人才，开展少数民族体育竞赛活动，优秀民族体育项目进课堂，办好少数民族传统体育运动会等方面来积极发展少数民族体育；通过发掘、整理和弘扬民族民间传统体育项目，将其优秀项目纳入非物质文化遗产名录，开展相关教育活动，举办相关展示和竞赛活动等举措

来传承发展民族民间传统体育。

《全民健身计划（2016—2020年）》要求遵循为实现中华民族伟大复兴的中国梦奠定坚实基础的指导思想，弘扬、传承、扶持与开发并举——弘扬中华体育精神，挖掘传承传统体育文化，发挥区域特色文化遗产的作用，扶持推广武术、太极拳、健身气功等民族民俗民间传统和乡村农味农趣运动项目，鼓励开发适合不同人群、不同地域和不同行业特点的特色运动项目。

《全民健身计划（2021—2025年）》要求加强全民健身国际交流，与共建"一带一路"国家共同举办全民健身赛事活动，推动武术、龙舟、围棋、健身气功等中华传统体育项目"走出去"，鼓励支持各地与国外友好城市进行全民健身交流。

由此可见，各个时期的全民健身事业计划中，都包含了民族传统体育的内容。从建立基层体育组织，设立项目培训基地，培养体育专门人才，传承与发扬民族传统项目，举办民族运动会，到开发与扶持民族特色项目，重点项目的推广，再到"一带一路"共建共享，以及"走出去"交流互动。民族传统体育伴随着全民健身事业不断发展，并在不同时期承担着相应的历史任务。

（二）民族传统体育是全民健身工作的重要抓手

乡村及少数民族地区的体育非物质文化遗产以及民族传统体育项目，如湘、鄂、渝等地流行的抢花炮活动，以及在广东汕头、潮州等地拥有广泛群众基础的潮汕英歌舞等，都是过去乡民祖祖辈辈生活方式、氏族文化思想的沉淀与遗存，并内化为集体性的、普遍性的地域、族群、文化认同。各地民族传统体育的起源与生产生活、节日庆典、休闲娱乐密不可分。与现代体育相比，乡村及少数民族地区的民族传统体育在项目的原生性、文化的多样性、活动的多元性、内容的民俗性上有着得天独厚的优势。

少数民族运动会丰富了民族传统体育文化的内涵，提供了各民族传统体育文化的展示与交流的平台，规范了项目的竞赛规程，提高了民族传统体育竞技水平。影响不断扩大的少数民族运动会，使政策的扶持力度也在不断增强，形成良性循环。因此，民族传统体育是乡村及少数民族地区全民健身工作的重要抓手。

（三）全民健身事业是民族传统体育发展的重要契机

我国民族传统体育一直遵循多元化的发展路径。多元化的发展路径体现在民族传统体育不断融入运动竞赛、传统节日、校园体育、旅游表演、非物质文化遗产展演等路径中。但是，民族传统体育的发展由于受到文化、经济等主客观因素的影响，也呈现两极分化的特征：一方面，在重视民族传统体育发展的地区，民族传统体育发展迅速。另一方面，因民族传统体育自身活力不足，导致即便在政府财政的大力支持下，也无法产生高质量的民族传统体育的发展路径。

全民健身计划的核心任务是解决全民健身区域发展不平衡、公共服务供给不充分等问题。在新的历史起点上，要推动民族传统体育的高质量发展，必然要使民族传统体育契合全民健身公共服务体系，这样才能使之更好地发挥其在体育强国中的作用。因此，全民健身事业是全面平衡发展民族传统体育的重要契机。

二、全民健身与民族传统体育和谐发展的对策与展望

（一）营造现代化民族传统体育存在场景

全民健身的主体在于全民，不论年龄与性别。全民健身事业的实施要立足我国全面建成小康社会和人民对美好生活的向往。营造民族传统体育的存在场景，需对其过去"流行"时的存在场景进行现代化转变。具体而言可以从以下四个方面入手：

1. 休闲场景

推动大众休闲生活与传统体育文化融合发展，可以通过创建传统文化生态园、历史文化街区，融入大众喜闻乐见的民族传统体育互动平台，如滚铁环、踩高跷、踢毽子等项目，唤醒或加深大众对传统体育的记忆；充分发挥各地历史文化的魅力，设计传统文化旅游路线，并在其中展示和引导游客体验民族传统体育运动。

2. 文化场景

激活大众对各民族传统节庆、民俗活动的热情，深入挖掘与各民族传统节日和民俗活动相关的传统体育文化内涵，并逐步形成新的习俗；打造

中华传统体育标准服饰计划，依照不同项目，设计和制作可以展现各地独特民族风情的运动服饰。

3. 职业场景

设立各类民族传统体育项目联盟，制定标准化项目规则和运动员评级标准，以协会牵头组织举办各类民族传统体育赛事，成立民族传统体育项目文化论坛；积极倡导民族传统体育进校园，成立校园民族传统体育项目社团，依据各地区特色，将民族传统体育项目列入学生体质健康标准监测以及中考、高考体育测试项目。

4. 养生场景

培养民族传统体育指导员，设立相应岗位，以社区和乡镇为单位，定期开展民族传统体育的普及与教学；加强对传统养生、保健的活态利用与研究，使有益的民族传统养生文化嵌入百姓生活。

（二）打造符合时代审美的健身项目

审美意象的客观性和普遍性，就要先根植于民族的生存情感。一个民族的生存情感是在这个民族的艺术所构造的审美意象中才获得的自我认识、自我观照。因此，在不同经济基础下产生的体育审美形态也必然不相同。当前，我国老中青三代人经历了从"站起来""富起来"到"强起来"的不同历史阶段，少年一代也必将见证中华民族的伟大复兴。新时期审美的现代性正悄然向民族文化的个性与多样性相统一转变，体育审美也包含其中。我国民族传统体育美学的发展方向要以中华优秀传统美学文化为核心，参考西方现代体育美学体系，建设和引领符合当代国民需求的中国特色社会主义新时代传统美学。

在全民健身事业的大背景下，民族传统体育项目要想得到更多人群的认可，其美的形式不能仅是因为传统，更重要的因素是将传统之美向"民族性"与"现代性"转变。我国优秀传统文化是民族传统体育发展的动力源。以中华射艺为例，中华射艺的"民族性"上要以"礼射"成育人之美。

《礼记·射义》中的"内志正，外体直""射者，仁之道也""射求正诸己"；《王阳明全集》中的"君子之学于射，以存其心也"等叙述皆在讲明"射"之于"心"的育人效用。在此基础上，通过仪式、仪规的约束，将射箭的身体行为演化成对"德"的实践，并在射艺的练习中发展"天人合一""以德引争"的"道"的实践，以此实现中华射艺的育人之美。中华射艺在"现代性"方面，要以"武射"成竞技之美，即打造规范的竞技化中华射艺。这里可以学习借鉴日、韩两国在传统射艺传承推广方面的经验，占领校园和社团两大阵地，让青少年群体和社群民众成为项目发展的主体，还可以设立段位制为技艺评价标准，吸引利益相关的商家投入资金，组织开展各级别赛事，赛事中做好文化仪式庆典等。

另外，在已开展的民族传统体育项目中，如高脚竞速、陀螺、传统射艺等，在文化内涵、器材服饰、竞赛和表演规则、仪式等完成现代美学革新后，项目可参与性、竞技性、观赏性得到提高，受众年龄段更为广泛，项目生存能力得到了有效的保障，"传统"文化就有了成为"潮流"文化的可能。

第四节　大数据背景下传统体育文化
数字图书馆建设

丰富多彩的民族传统体育是我国民族传统文化的重要组成部分，是我国非常重要的非物质文化遗产。近年来，我国的"全民健身""健康中国""文化强国"等战略持续推进，在此背景下，民族传统体育文化的历史价值、教育价值、健身价值、经济价值的外延不断拓展，它在当代的有效传承与发展愈发重要。

随着新媒体时代的到来，在人工智能、大数据、VR/AR 等智能技术的推动下，传统文化被赋予了新的智能传播语境，非物质文化遗产也迎来了前所未有的传播机遇。因此，体育文化的数字化传承将是非物质文化遗产数字化传承、保护和创新过程中的重要问题之一。数字时代体育文化的传播不是对传统传播的简单复制和重组，而是根据其内容的特点和现状，针对不同的目标受众群体重构传承过程和传承策略，结合数字时代的突破性技术创新和新的传承内容。

一、体育文化数字图书馆建设意义

数字图书馆是一种应用数字化的物理信息对象的方法。数字图书馆有七个鲜明的特点：①信息载体的数字化；②存储海量的信息；③可以在线访问和查询信息；④信息通过线上发布和传输；⑤信息的开放与共享；⑥信息具有相关的版权保护；⑦系统集成。传统图书馆具有信息采集、存储、传播和版权控制等功能，而数字图书馆同样具有以上功能，只不过数字图书馆这些功能的实现方法和手段发生了变化：从纸介质变为网络介质；从单一的纸质文字变为数字化的文字、图片、音频、视频等。建立体育文化数字图书馆的意义如下。

（一）降低图书馆建设成本

民族传统体育文化多集中在少数民族集聚区，而大多数少数民族集聚区的经济发展水平较低，在传统图书馆建设方面需要耗费大量的人力、物力和财力，这就无形中增加了当地政府的经济负担。数字图书馆是将大量的民族传统体育文化信息存储在多个磁盘存储器当中，通过计算机网络连接成的一个联机系统，建设成本相对于传统图书馆所需的人力、物力和财力更少。建设成本的降低使地方政府在体育文化挖掘和整理工作上增加了更多的有效供给，进而推动了当地体育文化数字图书馆的可持续发展。

（二）信息类型丰富，满足用户多样化的查阅需求

传统图书馆中的体育文化以书籍、报纸、杂志等纸介质为主，虽然图文并茂，但形式单一的文字和图片易引起用户的审美疲劳，难以调动用户深入了解体育文化的积极性。数字图书馆中的体育文化收录了数字形式的体育文化信息，除了纸介质的数据、报纸和杂志外，还收录了一切可以数字化的体育文化信息，如音频、视频、动画等。类型丰富的信息能很好地满足用户的多样化查阅需求。

（三）推进体育文化的传承与发展

各地受自身经济条件、专业人员能力、组织能力等的不同，在民族传统体育整理和挖掘工作中存在成效参差不齐的问题。这些客观存在的问题，大大降低了体育文化传承与发展的成效。就目前来看，民族传统体育传统

的传承与发展方法和手段（口头传授、表演、民俗活动等）已经暴露出很多问题。在当代数字技术蓬勃发展的趋势下，利用数字技术手段对民族传统体育文化资源进行传承与发展，是非常重要而且必要的。

二、体育文化数字图书馆建设路径

当下我国"文化中国"战略持续推进，政府对民族传统文化的挖掘和整理工作愈发重视。体育文化作为我国民族传统文化的重要组成部分，借助大数据技术优势，加强数字图书馆建设，是推动我国民族传统文化可持续发展的重要内容。在目前大数据技术迅猛发展的背景下，体育文化传承与发展应当适应科技发展的趋势，紧紧抓住大数据技术给体育文化数字图书馆建设带来的机遇，提升数字图书馆综合服务质量，提高用户对图书馆的认同感和依附性。

结合大数据技术自身特性以及用户对体育文化数字图书馆的需求，体育文化数字图书馆负责人（以下简称负责人）应当做好以下四项工作：

（一）充分利用用户兴趣信息数据

用户在体育文化数字图书馆会有浏览、查询、阅读、下载等活动，这些活动产生的用户资信、访问日志、流通数据等形成了用户兴趣数据。负责人借助大数据技术，可以通过对用户个人身份信息、网页浏览记录、查询关键词、下载行为等进行分析，探查到用户与体育文化数字图书馆中数据之间的关系，了解到用户对哪些体育文化感兴趣、哪类人对体育文化感兴趣。负责人对用户兴趣数据进行分析，可以大致掌握用户对民族传统文化遗产数字图书馆的信息需求，制订图书馆数据调整方案，缩小用户需求和图书馆数据服务之间的差距。负责人应当在图书馆的明显位置设置"在线咨询"或"用户留言"，积极融合用户对图书馆数据提出的各项建议。还可以定期开展有奖问卷小调查、用户行为信息跟踪分析等，进一步了解用户对图书馆数据的实际需求。

（二）聚合体育文化数字资源

在"文化强国"战略推动下，用户对民族体育文化遗产的认知需求提高，他们希望在体育文化数字图书馆中获取到尽可能多的数字资源。为了满足用户这种需求，各地体育文化数字图书馆负责人要形成开放与共享的思维，与其他地区体育文化数字图书馆的数字资源进行整合，将其引入本地体育文化数字图书馆资源组织结构中，拓展本馆数字资源的广度和深度。

通过开放和共享，各地体育文化数字图书馆聚合了各类体育文化数字资源，建立了一个体育文化数字资源齐全、功能完善的平台，满足了用户查询体育文化数字资源的多样化需求。各地体育文化数字图书馆之间合作时，要积极引入关系型数据库、非关系型数据库、云计算等技术，提高图书馆的资源整合能力，保障图书馆的可持续发展。

（三）实现体育文化数字资源传递的"个性化"

大数据背景下，体育文化数字图书馆要积极贯彻主动、及时、精准的服务理念，将"个性化"的数字资源传递给用户，提升用户对图书馆的认可感和依附性。相比其他类型的文化遗产，大众对体育文化的认知度较低，很多人是在网站上无意浏览到相关信息才"进入"体育文化数字图书馆内。对于这些用户，负责人要积极利用大数据技术，对他们的行为（注册、查询、借阅等）进行及时捕捉和分析，将这些行为信息转变为有价值的信息，优化图书馆的整体服务。

负责人要根据不同用户的应用需求，设定主动、及时、精准的个性化服务，为用户提供关注、感兴趣的数字资源。在个性化服务中，负责人要充分发挥大数据挖掘技术的优势，将用户个人信息（性别、年龄、习惯）及其信息变化情况进行存储、加工、分析和挖掘，为图书馆个性化服务提供依据。在主动预测服务中，对于大多数用户急需的但馆内未有的资源，负责人应当尽早建立专门的数据库（如用户信息库、用户需求库），补充馆内数字资源的短板。随后，负责人通过数据库检索，为用户推荐所需的数字资源，从而进一步提高图书馆的服务质量。

（四）提高馆员的大数据应用能力

民族体育文化遗产数字图书馆建设不仅涉及很多数字图书馆建设的专业知识，还涉及很多体育文化的专业知识。为了保障体育文化数字图书馆的质量，图书馆的负责人应通过各种专业培训提高馆员的工作能力。

1. 提高馆员的数据整合能力

大数据背景下，体育文化数字图书馆内每日产生的信息量庞大，要求馆员科学判断、深入理解这些信息之间的内在联系，然后把预测出的结果准确地做出数据关联网络，用以精准分析用户的查询偏好与习惯。

2. 提高馆员的数据收集能力

体育文化数字化需要专业技术支持，如信息获取技术、海量存储技术。面对庞大的数据，馆员要灵活应用这些专业技术收集数据，缩短大数据形成时间，提高大数据应用效能。

3. 提高馆员的大数据分析能力

面对庞大的数据，馆员需要分析用户数据本身的规律，还要预测、分析和归纳用户数据与图书馆数字资源之间存在的关系。例如，馆员通过对用户访问地点、借阅次数、查询关键词的分析，发现不同地区用户对体育文化数字资源的需求情况，从而分析出影响不同地区用户数量增减的原因。总之，图书馆负责人要积极引导馆员学习大数据相关知识，并鼓励他们将大数据技术应用于图书馆工作实践，不断提高他们的工作效率和质量。

参 考 文 献

安杰，2018. 体育教育对非智力因素的培养价值及实现路径[M]. 长春：东
　　北师范大学出版社.

布特，2018. 体育文化生态系统研究[M]. 北京：科学出版社.

程会娜，2018. 大学生校园体育文化解析[M]. 北京：世界图书出版公司.

邓星华，2019. 体育文化传播与国家形象构建研究[M]. 北京：科学出版社.

董好杰，2018. 当代体育文化多维探索与研究新思路[M]. 北京：冶金工业
　　出版社.

杜志锋，2019. 体育与健康[M]. 北京：北京理工大学出版社.

范洪悦，朱春勇，韩彬斌，2021. 高校校园体育文化建设优化策略探究[J]. 产
　　业与科技论坛，20（14）：251-252.

房玫，汤俪瑾，黄金满，2018. 思想政治理论课教学过程的优化[M]. 芜湖：
　　安徽师范大学出版社.

龚建林，2011. 体育文化生态系统的结构与特性[J]. 体育学刊，18（4）：
　　40-44.

龚建林，许玲，2013. 体育文化生态系统运行机制与政府角色研究[J]. 运
　　动（5）：3-4.

郭海芳，2019. 新时代校园足球文化建设与科学训练[M]. 北京：冶金工业
　　出版社.

黄延春，梁汉平，2018. 体育概论[M]. 重庆：重庆大学出版社.

纪惠芬，2019. 休闲体育文化建设与发展研究[M]. 哈尔滨：东北林业大学
　　出版社.

姜华，2018. 足球运动文化体系的建设与发展[M]. 北京：中国商务出版社.

康丹丹，施悦，马炸军，2020. 高校体育文化建设与大学生体育健康[M]. 长
　　春：吉林人民出版社.

兰涛，2018. 跆拳道训练与体育文化[M]. 北京：中国政法大学出版社.

李莹，杨风雷，2020. 论发展民族传统体育提升文化自信的价值和策略[J]. 体
　　育文化导刊（2）：1-5+23.

梁平，赵春莲，2010. 重庆市群众体育发展现状分析[J]. 攀枝花学院学报，

27（1）：77-80.

梁田，2020. 高校民族传统体育教学模式的创新性研究［M］. 长春：吉林人
  民出版社.

刘从梅，2019. 民俗体育与民俗体育文化［M］. 南昌：江西高校出版社.

陆宇榕，王印，陈永浩，2018. 体育文化与健康教育探究［M］. 北京：新华
  出版社.

马驰，吴雅彬，徐小峰，2018. 体育与健康［M］. 上海：上海交通大学出版
  社.

任晋军，王肖天，2020. 普通高校竞技体育品牌建设研究［M］. 上海：上海
  交通大学出版社.

邵源，李小华，2018. 高校足球运动开展与校园文化建设的耦合研究［M］. 北
  京：中国戏剧出版社.

宋艳红，林家润，孙国强，2019. 大学生体育与健康教程［M］. 天津：天津
  科学技术出版社.

孙洁，2020. 体育文化研究的多向度审视［M］. 天津：天津科学技术出版社.

孙晓，米雄辉，叶颖，2021. 新媒体视域下我国民族传统体育文化发展路
  径重塑［J］. 湖北成人教育学院学报，27（3）：25.

"提升我国体育文化软实力核心问题研究"课题组，2015. 中国体育文化
  软实力及其提升［M］. 北京：科学出版社.

王和鸣，2019. 民族传统体育文化在大学生体育健康教学模式中的融合与
  发展［M］. 北京：北京工业大学出版社.

王建军，白如冰，2018. 高校体育文化教育研究［M］. 长春：吉林美术出版
  社.

王智慧，2014. 体育强国的评价体系与实现路径研究［D］. 北京：北京体育
  大学.

项贤林，2005. 举办重大比赛对上海城市体育综合竞争力的影响［J］. 都市
  文化研究（1）：15.

肖洪凡，刘晓蕾，2019. 休闲体育课程建构理论与实践研究［M］. 石家庄：
  河北人民出版社.

易剑东，2006. 体育文化学［M］. 北京：北京体育大学出版社.

于炳德，2021. 高校民族传统体育教学改革［M］. 哈尔滨：哈尔滨出版社.

岳抑波，谭晓伟，2019. 高校足球运动理论与战术技能研究［M］. 长春：吉

林人民出版社.

曾宇，吴湘军，2022. 有形与无形：湘西民族传统体育非物质文化遗产数字化传承策略[J]. 武术研究，7（3）：96.

张敏青，李文平，2019. 高校竞技体育：大学体育文化发展的有效载体[J]. 浙江体育科学，41（6）：65-68.

张鹏作，2020. 高校体育文化教育与运动研究[M]. 长春：吉林科学技术出版社.

张选静，2019. 新时代高校竞技体育发展趋势及实现路径[M]. 长春：吉林人民出版社.

郑焕然，2020. 大学体育文化与运动教程[M]. 北京：北京理工大学出版社.

邹玉华，2008. 论体育在城市文化中的建设与发展[J]. 体育世界（学术版）（9）：69-71.